渋沢栄一に学ぶ
大転換期の乗り越え方

田口佳史

光文社新書

はじめに

２０２１年のＮＨＫ大河ドラマに続き、２０２４年からは「新一万円札の顔」として登場する渋沢栄一《しぶさわえいいち》。

なぜ今、これほどまでに渋沢栄一が注目され、世間から求められるのでしょうか。

これは単なる偶然ではありません。

渋沢栄一の人生をひもといてみると、驚くほど現代を生きる私たちと共通点が多い、したがって学ぶべき点が多いことに気づきます。

一つ目は「大転換期を生きている」という点。

今、世界が大きな転換期を迎えていることは疑いようがありません。新型コロナウイルス感染症の突然の襲来により、人々の生活、経済のあり方、働き方は大きく変わってしまいました。

しかし、それ以前から、

「行き過ぎた資本主義」

「格差の問題」

「物質至上主義から、見えないもの重視への価値転換」

「組織中心から個人の時代へ」

などさまざまな側面で世界の構造は大きく変わり始めていました。

インターネットの普及やデジタル技術の革新により、法体系、政治制度、経済システムに至るまで、世の中のあらゆる部分で「前時代的なしくみ」が制度疲労を起こし、新しいルールやカルチャー、考え方が求められています。

私たちは、紛《まぎ》れもなく自らの人生では体験したことのない「大転換期」を生きています。従来の制度やルール、考え方がまったく通用しない「新しい時代」を迎えているのです。

「幕末から明治」という激動の時代を生き抜いていく

渋沢栄一が生まれたのは１８４０年。

それがどんな時代なのか。

この年号を見ただけでピンとくる人はなかなかの歴史通です。

１８４０年はアヘン戦争が起こり、欧米列強のアジア支配が本格化した象徴的な年。ここから始まる時代の大きなうねりについてはご存知の方も多いでしょう。

渋沢が13歳になった１８５３年にペリーが来航し、１８５８年（渋沢18歳）には日米修好通商条約が締結。同じ年には安政の大獄も起こります。

幕末激動の時代に少年期、青年期を過ごした渋沢は28歳（１８６８年）のとき明治維新を迎えます。

この先の詳しい生涯やストーリーは本文でたっぷり触れますが、江戸末期から明治を迎える、文字通り「大転換期」の真っただ中を渋沢は生き抜いていきます。

こうした渋沢の生涯を「偉人の歴史」「過去のもの」と捉えてはいけません。

激動の時代を駆け抜けた彼の生き方や考え方は、新しい大転換期を生きる私たちにとても大きく、現実的なヒントを与えてくれるのです。

ドイツの政治家ビスマルクは「愚者は経験に学び、賢者は歴史に学ぶ」という有名な言葉を残しています。

大転換期を生きる今こそ、私たちは「歴史に学ぶ」必要があります。

大転換期を過ごした渋沢栄一のような人から「今」という時代の生き方を学ばなければならないのです。

キャリアチェンジをしながら「長い人生」を生きていく

二つ目の共通点は「人生１００年時代」です。

渋沢が亡くなったのは１９３１年。91歳の大往生でした。当時としてはかなりの長寿で、今で言えば１００歳どころか１１０歳まで生きたような感覚でしょう。

これだけ長い人生を彼はどう生きたのか。

これもまた、現代を生きる私たちにとって重要かつ非常に身近なテーマです。

生まれてから20年で人間としての基礎を作り、それから40年「人生の第一期」を過ごしたとしても、まだ60歳。

それからさらに40年という「人生の第二期」「黄金期」が待っています。

人類史上経験したことのない人生１００年時代を私たちはどのように生きればいいのでしょうか。

そのヒントを渋沢栄一は与えてくれます。

ここでのキーワードは「身分を変えながら生きる」。

今の言葉に置き換えるなら「キャリアチェンジ」です。

こちらも詳しくは本文で述べますが、農家に生まれた渋沢は24歳のとき、一橋《ひとつばし》慶喜《よしのぶ》に仕えます。すなわち農民から武士になったのです。

江戸時代は武士ですが、明治になれば、そのまま役人として政治や行政の世界で生きていきます。

その後、役人として一生を送るのかと思えば、33歳のとき、当時勤めていた大蔵省をあっさり辞めて、第一国立銀行（現・みずほ銀行）を設立。35歳には頭取になります。ちなみに、第一国立銀行は日本最古の銀行です。

役人を辞め、経済・実業の世界で商人として生きることを決めた渋沢は、約５００とも言われる企業・団体の設立に関わり、日本の経済、ひいては資本主義の礎《いしずえ》を築いていきます。

農民から武士（役人）へと身分を変え、さらに商人になる。

69歳になった渋沢は第一銀行以外のほとんどの役職を辞し、76歳には最後に残った第一銀行の頭取も辞め、実業界から引退します。

それで渋沢の生涯が終わると思ったら大間違い。60歳を過ぎた頃から渋沢は民間外交に力を入れていきます。

経済を発展させるには、国レベルの外交のみならず、民間レベルの外交が不可欠。そう考えた渋沢は、人生の最晩年に民間外交へと自らの情熱を傾けていきます。

まさに「人生１００年時代」を先取りするかのように、自らの身分やキャリアを変えながら、第二、第三の人生を精力的に歩んでいきます。

今、私たちが真剣に向き合わなければならない「キャリア設計」そのものではないでしょうか。

今こそビジネスに「徳」が求められている

三つ目の共通点は「ビジネスに徳が求められる」という点です。

今、私のところには国内外を問わず多くの経営者、ビジネスパーソンたちが「東洋思想をベースとしたビジネスマインド、企業経営、企業戦略」を学びに来ます。

そんな彼らに「今、ビジネスで大事なことは?」と尋ねると、多くの経営者、CEOたちがこんなことを口にします。

「virtue が必要だ!」

「virtue」とは「徳」のことです。

とりわけシリコンバレーのCEOたちは「virtue の大切さ」を強調します。企業や経営者の「徳」こそが、ビジネスの成否を分ける大きな要因となる。たしかに、その傾向はどんどん強まっています。

今や、SNSを使って国の代表までが直接メッセージを発する世の中。どんな立場、どんな身分にいる人でも、世界のリーダー、名だたるビジネスパーソンに直接つながり、その人たちの「生の声」に触れることができます。

そうしたリーダーたちの発言や振る舞いは一気に世界中に拡散され、地球環境に対する考え方、企業のあり方や精神、顧客やユーザーに対する心配りなど、あらゆる側面を世界中が注目しています。

そんなガラス張りで、一気に情報が伝達する世の中にあって、人として、あるいは企業としての「徳」がなければ、瞬《またた》く間にバッシングされ、炎上し、不買運動が広がり、経営自体に大きなダメージを与えます。

まさに「徳のある／なし」が企業成長のカギにもなり、経営リスクにもなり得るのです。

そんな現代をまるで予見するかのように、渋沢は『論語と算盤《そろばん》』という著作を残しています。「論語」と「算盤」という言葉を並べたところに深い意味が含まれています。

一言で言ってしまえば、論語とは「道徳」のこと。先に述べた「virtue（徳）」と言い換えてもいいでしょう。

一方の算盤とは「経済」あるいは「商売」や「ビジネス」のこと。すなわち渋沢は『論語と算盤』という著作のなかで「道徳とビジネス」について語ったのです。

道徳なくして、ビジネスは成功しない――。

現代を生きるあらゆるビジネスパーソンが学ばなければならない「ビジネスの根幹」であり「仕事の本質」です。

今という時代に渋沢栄一が求められるのは必然

本書は「渋沢栄一の生涯」と「『論語と算盤』という名著」、そして「『論語』そのもの」という三つの題材を用いながら、現代の生き方やビジネスのあり方を考えていく本です。

①　大転換期を生きる
②　「人生１００年時代」のキャリア設計
③　ビジネスに「徳」が求められる時代

こうして並べてみると、今という時代に渋沢栄一が求められるのは必然です。

実際に、渋沢栄一はどんな生涯を送ったのか。

そして『論語と算盤』や『論語』には何が書かれていて、私たちが「今を生きる」上で、何を学び取らなければならないのか。

渋沢の生涯をじっくりひもときながら、さまざまなテーマについてこれから一緒に考えていきましょう。

本書は２０１９年春に慶應丸の内シティキャンパスで開催されたビジネスパーソン向けの講義『田口佳史さんに問う「渋沢栄一と論語」』をベースに、新たに書き下ろしたものになります。講義のようにわかりやすい語り口を目指しました。

なお、本文中に引用した『論語と算盤』は角川ソフィア文庫版、『論語』は岩波文庫版（金谷治訳注）を元に、読みにくい漢字にはルビを追加しています。

気負うことなく、お読みいただければ幸いです。

渋沢栄一に学ぶ大転換期の乗り越え方

目次

第8章 「真の人物」を見極めよ

第9章　人生100年時代における「成功」とは……187

第1章

渋沢栄一の生涯と生き方

私たちは大きな転換期に直面している

これから渋沢栄一の生涯、それに加えて『論語と算盤』と『論語』をひもといていくにあたり大切なことが二つあります。

それは「大きな時代感覚を持つ」こと、そして「古典として読まない」ことです。

まずは「大きな時代感覚」とは何かを考えてみましょう。

そもそも、私たちが生きる経済社会は「転換」「成長」「安定」という三つの変化をぐるぐると繰り返しながら動いています。１９４５年の敗戦から転換期が始まり、１９６４年の東京オリンピックの頃はまさに高度経済成長期の真っただ中でした。その後、１９７３〜74年のオイルショックを境に、安定の時代に入っていきます。しばらくはその安定期が続き、２００３年頃からまた転換期に入っていきます。

このように約30年周期で経済社会は「転換」「成長」「安定」を繰り返します。

私たちは今まさに、経済における転換期を過ごしており、これは２０３０年くらいまで続いていくと考えられます。

さらにもう一つ時代感覚として持っておいて欲しいのは「文明の転換」という視点。

「文明の転換」とは経済社会のみならず、人々の暮らしや前提となる考え方、価値観、思想など、私たちの生活ベースがガラリと転換することを指します。この「文明の転換」はだいたい１５０年周期で訪れます。

今から１５０年前と言えば、ちょうど明治維新（１８６８年）の頃。世界的に見ても、18世紀後半から19世紀は前時代的な価値観や思想が大きく変わった時期でもあります。機械化が急激に進み、すべてを数値化するようになり、合理主義的な世界が実現した時代と言ってもいいでしょう。

西洋から始まったこの流れに、日本を含め世界中が同調し、「西洋近代思想」に則《のっと》った「近代化」が進められてきました。経済はもちろん、人々の暮らし、政治制度、法体系、価値観、考え方など、さまざまなものが近代化し、現代に至っています。

そして、本書の「はじめに」でも触れましたが、大きな「文明の転換」が今また起ころうとしています。私たちは経済社会という30年周期の「転換期」を迎えてもいますが、もっと大きな１５０年周期の「文明の転換」にも直面しているのです。

私たちが体験している「大転換期」の一つ前を渋沢栄一は生きた。

そうした「大きな時代感覚」を踏まえつつ、渋沢の生涯や生き方を見つめて欲しいと思います。

古典から「今を生きるヒント」を得なければ意味がない

そしてもう一つが「古典として読まない」ということです。

本書の「はじめに」で、「愚者は経験に学び、賢者は歴史に学ぶ」というビスマルクの言葉を紹介しました。これから取り上げる『論語と算盤』や『論語』も、単なる古典と捉えるのでは本書の意味はありません。

本書は、古典を知り、知識を身につける本ではなく、今という時代の生き方を考え、自らをアップデートする本です。

そのために渋沢栄一の生涯をひもとき、古典を読み、深掘りしようとしています。

これこそ渋沢栄一の「論語の読み方」そのものです。渋沢栄一にしてみれば、論語はもちろん古典です。

しかし、彼はただの古典として読んだのではなく、自らの生き方やビジネスに活用すべき指南書として、真剣に読み込んだのです。

この姿勢こそ、渋沢栄一から私たちが学ぶべき最初の一歩なのです。

裕福で、教育熱心な家庭で育った

さて、本題に入りましょう。

１８４０年、渋沢栄一は武蔵国榛沢《はんざわ》郡（現在の埼玉県深谷市）という地で、農民の家に生まれます。江戸時代の農民というと、士農工商の階級制度もあって「貧農」をイメージする人が多いかもしれません。

しかし、渋沢の生家はまったく違います。むしろ豪農。そんじょそこらの武家なんかより、お金もあるし、教養も高い。そんな家に生まれたということをまず理解しておいてください。

江戸時代の豪農は、言わば「町の名士」のような存在。名の知れた知識人や教養人、学者、俳人などを江戸から自宅に招いて、ちょっとした講演会や句会を催《もよお》す風習がありました。

それが一つのステータスだったのです。

たとえば、松尾芭蕉《ばしょう》のような俳人はあっちこっちからお呼びがかかり、いろんな地域へと出向き、句会を開きます。その際、宿屋には泊まらず、たいていは町の名士、すなわち芭蕉を呼んだ豪農の家に泊まります。

豪農の側からすれば、「こんな偉い先生をお呼びした」「こんなすごい人を招いた」ということがステータスになるわけです。

つまり当時の地方において、豪農は教養・文化の拠点にもなっていたのです。

しかし、何も知らずに「偉い先生」を呼ぶことはできません。呼ぶ側にも相応の教養がなければ、誰を呼んでいいのかもわからず、「偉い先生」にどれほど価値があるのかもわかりません。

渋沢の生家もそんな豪農であり、教養高い家でした。渋沢の父親は四書五経（東洋古典の代表的な九つの書物）を好んで読むような人で、渋沢にもしきりに読ませていました。

渋沢家の食卓では、こんな会話が日常茶飯事だったと言います。

父　「栄一、今は何を読んでいる？」
栄一　「論語を読んでおります」
父　「おお、そうか。何か気に入った言葉はあるかい？」
栄一　「○○が気に入っております」
父　「それはいい言葉だな。それは、どのように解釈している？」

栄一　「△△のように解釈しています」

父　「うん、それはいいだろう。しかしな、そこはこういう解釈もあるんだ。こういう解釈もあることを前提に、もう一度読んでみなさい」

こんな会話が日々当たり前のように行われていたと後年渋沢は語っています。経済力や教養にも恵まれた家庭で、教育熱心な親のもとで渋沢は育ちました。

さらに、渋沢のいとこ（栄一の父親の姉の息子）には尾高惇忠《あつただ》（藍香《らんこう》）という人がいます。儒学者として名を馳せた人で、世界遺産にもなった富岡製糸場の設立に尽力し、初代の場長にもなった人物。

尾高惇忠にも多大な影響を受けた渋沢は、非常に恵まれた環境で英才教育を受けてきたと言えます。この環境が渋沢の基礎を作ったことは間違いありません。

「藍玉作り」によって培われた経済感覚

少年期の渋沢を語る上で、もう一つ大事な要素があります。それは、渋沢の生家が農業を営むかたわら「藍玉《あいだま》作り」をしていた点です。

一般的に「農家」というと「稲作」「米作り」を想像する人は多いでしょう。しかし、渋沢の家では藍染めの染料・原料となる藍玉を並行して作っていました。

これが渋沢に大きな影響を及ぼします。

藍玉ができるまでの工程は、かなり複雑で手間がかかります。

まず、原料となる藍を育てなければなりません。苗を作るために種をまき、ていねいに間引きをする。そうやって苗が育ったら、本畑に植え直します。

それですくすく育っていくかと言えば、そんなに簡単ではなく、成長に合わせて何度も何度も干鰯《ほしか》（干した鰯《いわし》）などの肥料を施し、水を絶やさぬよう、常に気をつけながら水やりをしなければなりません。

そうやってできた藍の葉を刈り取ったら、天日干しをして乾燥させます。

十分に乾燥したら、藍葉をムシロに広げ、ていねいに叩いていきます。この作業を「藍粉《こ》成《な》し」というのですが、ここまでやって初めて「藍玉」の原料が完成です。

ここまででもかなりたいへんですが、本当の「藍玉作り」はここからです。

この先の工程は「染料作り」というより「酒造り」をイメージしてもらった方が近いでしょう。粉状になった藍葉を広げて、適切な量の水をかけ、発酵させます。水が多すぎても、少なすぎてもうまくいきません。「水師」という専門職がいたくらいに難しい仕事です。
それをていねいに混ぜ返しながら、均等に発酵が進んだら、今度はふとんをかけて温度を調整しつつ、じっくり寝かせます。

その工程が無事終わったら、最後はまるで餅つきのように臼《うす》でついて、練り上げたものを丸くまとめる。これで藍玉の完成です。

気の遠くなる作業ですし、その一つ一つに高度な職人技が要求されます。ちなみに渋沢家では、藍葉から育てていたのではなく、藍葉は買ってきて「藍玉を作って売る」という商売をやっていました。

この経験こそが、後に「日本経済の父」と呼ばれる渋沢栄一のビジネス感覚の基礎を育《はぐく》んでいきます。

そもそも藍玉は投機商品です。投機の基本は「安く買って、高く売る」。

藍葉を買い入れるときは「品質がいいもの」を見る目が必要ですし、世の中の相場を知り、安いときに買い集めるセンスや決断力が求められます。といって「安く、買い叩けばいい」わけではなく、仕入先との信頼関係も築いていかなければなりません。

藍玉作りは農家の延長というより、商人に近い仕事でした。渋沢栄一は13歳の頃より祖父と一緒に藍葉の買付から藍玉作りに携《たずさ》わることで商売の基礎、経済感覚を身につけていきます。

さらに、藍玉を作っていく過程では、とにかくていねいに行わなければなりません。酒造りの杜氏《とうじ》は、すべての工程に神経を尖らせ、わずかな温度や湿度の変化、米の発酵具合に敏感になりながら仕事を進めていくでしょう。藍玉作りも同じです。ていねいかつ真剣に、一つ一つの作業を積み重ねなければ、質のいい藍玉は作れません。

渋沢は幼少の頃から、こうしたビジネスの原理・原則に触れながら育ちました。

藍玉作りや養蚕はビジネスに有利な商売だった

ちなみに、藍染めされた糸は当時からとても高価なものでした。糸そのものが貴重でしたが、白いままの生糸は弱く、すぐに切れてしまいます。

藍染めというのは「美しい色や風合いを出す」目的ももちろんありますが、もともとの狙《ねら》いは「糸の強化」。貴重な糸を少しでも長持ちさせるための重要な工程でした。丈夫で切れないからこそ、藍染めされた糸は高価でありながらも、多くの人々から求められていたのです。

渋沢家では、その原料となる藍玉を作り、藍染職人に売っていたのですが、こうしたプロセスすべてが、渋沢にとってビジネス感覚を身につける貴重な学びとなっていました。

さらにもう一つ、有利な税制についても触れておかなければなりません。

元来、日本の税制は石高《こくだか》が基本となっていました。すなわち「どれだけ米が取れたか」によって支払う税額が決まります。江戸時代の税制も、この前提は同じです。

渋沢家は藍玉作りを生業《なりわい》にしており、米の収穫量は微々たるものでした。つまり支払う税もわずかで済んだのです。

一方、藍玉作りや養蚕業（蚕《かいこ》の繭《まゆ》から生糸・絹を作る産業）はとても儲かるのに払う税は少ない。つまり税制面からも有利な環境にあったわけです。

こうして見ていくと、一言で「農民出身」と言っても、さまざまな環境、境遇の違いがあることがわかります。

余談ながら、幕末にその名を轟《とどろ》かせた新選組（新撰組）の面々も、境遇としては渋沢と似たところがありました。私は以前、新選組の地元・日野市まで行っていろいろ調べてみましたが、どうやら新選組も「農民の出」とはいえ、貧しかったわけではないようです。貧農の家ならば、大の男が日中から道場へ通い、剣術の稽古など許されたはずがありません。

渋沢栄一も、家が豪農で、親や親戚が教養高い人たちであったこと。そして、藍玉作りのような「ビジネス感覚が身につく仕事」を子どもの頃から当たり前のようにやっていたこと。

こうした恵まれた生育環境が渋沢栄一という傑出した人物を育んだことは間違いないでしょう。

身分制度に激しい憤りを感じたできごと

渋沢栄一が16歳になったとき、ある象徴的なできごとが起きます。

地域の農民たちが揃って代官のところへ招集されたことがありました。本来なら父親が出るところですが、16歳の渋沢は父の代わりとして、たまたまその集まりに参加しました。

そこで代官は「今度、お姫様の輿入《こしい》れがあるから、御用金を申しつける」と言い放ちます。

つまり、結婚資金として追加徴税をするというわけです。

代官は「お前のところはいくら、お前のところはいくら」と一方的に申しつけていきます。

なんとも横暴なやり方ですが、当時にしてみれば、そんなことは当たり前。農民はみな「ははあ～」と受け入れるしかありません。

しかし、渋沢はものすごく腹を立てます。

「普段からきちんと税を払っているのに、そんなことでさらに徴収するのはおかしいじゃないか！」と怒るのですが、そんなことをまともに言ったら、その場で即座に首が飛ぶほどの騒ぎになります。

さすがに、そこまでは言わないまでも「私は名代（代理）なので、一度持ち帰らせていただきます」と渋沢はその場で答えます。

当時、武士に対してそんな生意気を言う農民はいませんから、代官は烈火のごとく怒ります。しかし、渋沢は頑《がん》として言い通しました。

家に帰っても「そんなものを払う必要はありません！」と渋沢は強く主張するのですが、父親は「お前の命が助かるなら、安いもんだ」と言って払うことになります。

このできごとは、渋沢の生き方や考え方に少なからぬ影響を及ぼしました。

渋沢にとって士農工商という身分制度こそ憎むべき対象で、幕府政治に対する大きな反発心を抱くようになっていきます。

渋沢のすごいところは、この時代、この状況で「農民のままではダメだ」「武士にならなければ、何も変えられない」と心の底から思うところです。大方の人間は「農民だから仕方ない……」と諦《あきら》め、泣き寝入りしたことでしょう。

身分を飛び越えてでも自分の思いを貫き、志《こころざし》を叶えていく。そんな胆力を渋沢栄一は備えていました。

当時、渋沢は16歳。世間に目を向けてみると、３年前には浦賀にペリーが来航し、18歳のとき、不平等条約として名高い日米修好通商条約が締結されます。

まさに世は攘《じょう》夷《い》思想へと突き進んでいく時代。

いとこの尾高惇忠は先進的な思想を持った教養人で、時代に対しての感度も鋭かったので、時代の温度や風向きを渋沢自身も感じていたに違いありません。

ちなみに18歳のとき、渋沢は尾高惇忠の妹・千代と結婚します。

大胆で、しなやかなキャリアチェンジ

23歳になった１８６３年、渋沢に大きな転機が訪れます。

１８５８年には「安政の大獄」が起こり、その2年後には井伊大老が暗殺される、まさに風雲急を告げる時代です。若き渋沢も当然のように攘夷思想に染まっていました。

そんななか、高崎城を乗っ取り、その後同志を集めて横浜にある外国人居留地を焼き払う

計画を渋沢は企《くわだ》てます。

ところが、結局この計画は中止。

当時の渋沢からすれば「無念」の一言だったでしょうが、後年彼は計画の中止を主張した仲間に「命を救われた」と非常に感謝しています。事実、この計画が実行されていれば、成功しても、失敗しても、渋沢の命はそう長くはなかったでしょう。

計画が中止になったとはいえ、幕府の役人から目をつけられる存在となった渋沢は、故郷を出て京都に逃れます。一橋家の用人である平岡円四郎《えんしろう》の助けも受けて、なんと一橋慶喜に仕えることになります。

このあたりが数奇な運命とも言えますし、渋沢のしなやかさとも言えます。一橋慶喜といえば、言わずと知れた徳川最後の将軍。強烈な攘夷思想で、幕府に反発していたはずの渋沢が、あろうことか幕府側の武士になってしまうのです。

ここが渋沢のおもしろいところで、ただ感情に任せて騒ぎ立てるだけでなく「農民ではダメだ」「武士にならなければ、世の中は変えられない」と冷静かつ的確な思考力も持ち合わせ、必要とあらば、軽々と身分を飛び越えていきます。

高崎城乗っ取り計画の失敗から始まり、その果てに一橋慶喜に仕えて武士となる。彼の人生における最初のキャリアチェンジは、まさにこの瞬間だったと言えるでしょう。渋沢24歳のときです。

新天地でこそ「過去の経験」が生きてくる

一橋慶喜に仕えて渋沢が何をするかと言えば、あっちこっちにある一橋家の所領を治める仕事をします。摂津、備中《びっちゅう》、播磨《はりま》、和泉《いずみ》など、いわゆる飛び地としての所領がいくつかあるのですが、そうした場所で起こるいろいろな問題を収めに行ったり、経済を立て直したりします。

思い起こせば16歳のとき、地元の代官と一悶着《ひともんちゃく》あった彼が、今度は逆の立場になったのです。

武士になったとはいえ、もとは農家の出。農民の立場や気持ちはよく理解しています。だからこそ渋沢は地域の人たちにも慕われ、仕事でもバリバリ能力を発揮していきます。

経済の立て直しについては、いい米が取れたら、それを他の場所へ持っていって高く売り、利益を得るというようなこともしていました。

農民出身ということで「米の良し悪し」はわかりますし、「いいものを安く仕入れて高く売る」とは投機の考え方そのもの。藍玉作りで培《つちか》ったビジネスセンスが生きてきます。
渋沢の生涯をひもとけばひもとくほど、大胆かつしなやかにキャリアチェンジを繰り返していくと同時に、これまでの経験を十分に生かしながら、次のステップにつなげていることがわかります。現代を生きる私たちが学ばなければいけない大事なポイントではないでしょうか。

今も、そして１５０年前も、いわゆる大転換の時代には、

「自分はこの仕事しかできない」

「自分の立場、身分はこれだ」

などと固執していたら、いつ足をすくわれるかわかりません。

自分の会社や仕事がいつなくなってもおかしくない時代。これだけ変化の大きい時代に、今の会社、今の仕事が五年、十年続いていくと考える方がリスクがあります。

だからこそ、ときには渋沢のように大胆かつしなやかなキャリアチェンジが必要です。それもただチェンジするのではなく、前の経験を十分に生かすことで、新しい場でユニークな存在として独自の能力を発揮していく。

今を生きる私たちにこそ、必要なスタンスです。

思わぬ形で世界に触れるチャンスを得る

渋沢27歳のとき、思いも寄らぬチャンスが巡ってきます。

徳川昭武《あきたけ》（慶喜の弟）に従い、パリ万博使節団の一員としてフランスへ行く機会を得たのです。

わずか3～4年前には高崎城の乗っ取りを画策し、その翌年には一橋慶喜に仕える。その3年後には日本代表の一人としてパリへ行く――。当時、海外へ行くだけでもたいへんなのに、日本を代表する使節団の一人として行くのですから、とんでもない転身です。渋沢の人生が時代とぴったり噛《か》み合って、猛烈な勢いで動き出していることを感じずにはいられません。

もちろん、このパリ行きも渋沢にさまざまな知識と経験、そして大きな刺激を与えてくれます。

ぜひとも想像して欲しいのですが、パリへ行くと言っても、今のように飛行機を使うわけではありません。船で各地を転々と停泊しながら進む長旅です。

たとえば、上海《シャンハイ》の地に着けば、アヘン戦争後、西洋列強に支配され、やりたいようにやられてしまっている国の姿を目の当たりにします。西洋とは、これほどまでに血も涙もないのか。うかうかしていると日本も同じ目に遭うのではないか。そんなことを渋沢は肌で感じ取ります。

余談ながら、「賢者は歴史に学ぶ」ということで、今の中国がどのような発想で政治やビジネスを行っているのかを歴史的観点から考察してみましょう。

今の中国の考え方は、アヘン戦争以後、西欧列強の「力の支配」に端を発していると私は捉えています。

西欧列強に支配され、多くの権利を奪われる。そんな屈辱の時代を約１００年も中国は過ごしていきます。歴史と誇りのある、あの大国が、です。

１８４２年に結ばれた南京条約、そして１８５６年には「アロー戦争」が起き、１８５８年に天津条約、さらに１８６０年の北京条約と、イギリス・フランスやロシア・アメリカと次々と不利な条約を結び、追い詰められていきます。

そんな屈辱に満ちた１００年を過ごした後、１９４９年にようやく中国は独立します。

中国にしてみれば、

「自分たちに力がないばっかりに、あんなことになってしまった」

「もう二度とあんな体験はしたくない」

「自分たちこそが力を持って、世界に見せつけるのだ！」

と思うのも必然です。まさに今、中国はそんな思いに突き動かされた「新しい１００年計画」の途上にあるのです。


私は中国のトップに近い人ともよく話をしますが、

「我々には力がなかったから、屈辱の１００年を過ごした」

「だから力をつけなければいけない」

「日本は大丈夫か」

と彼らは口々に言います。


歴史を踏まえて見てみると、今の世の中や世界情勢が、また違った色を帯びてくるのです。

パリ行きによって開眼した「経済の大切さ」

渋沢の話に戻りましょう。

パリ行きの途中、香港に立ち寄れば、そこは当時すでに英国領。西洋流の進んだ文化や技術に驚かされます。上海、香港のみならず、サイゴン、シンガポール、セイロン、アデン、マルセイユなどに寄港していくのですから、青年渋沢栄一がさまざまな文化や人々に触れ、世界の大きさを体感したことは言うまでもありません。

そもそも乗っていたのがフランス船なので、船中ではずっとフランス人と一緒。身近な生活のなかで「外国人とはどういうものか」を学んでいきます。

以前、渋沢栄一の玄孫《やしゃご》（ひ孫のさらに子ども）にあたる渋澤健さんと対談しました。渋澤健さんは「渋沢栄一がパリ万博へ向かう途中、スエズ運河の建設工事を見たことも大きかった」と語っていました。あれだけ大規模な事業を、国家事業ではなく、民間でやってしまっている。そのことに渋沢は大いに驚いたと言います。

そして、もちろん本来の目的であるパリ万博では、世界の最先端技術が一堂に集まっているのですから、「世界の今」を体感すると同時に「世界における日本の立ち位置」を痛感したことでしょう。

パリ万博からの帰りは、使節団の長である徳川昭武がヨーロッパ各国を巡回するということで、スイス、オランダ、ベルギー、イタリア、イギリスも見て回ります。

これもまた驚きの連続で、ベルギーでは国王レオポルド二世自らが日本の使節団を迎えてくれます。国王が「どこをご覧になりました？」と聞いてきたので「今、製鉄所を見てきました」と渋沢たちは答えます。

すると国王は、

「それは素晴らしい。製鉄は、今後貴国にとっても欠かせないものになるでしょう。これからはますます鉄が必要な時代になるので、そのときはぜひベルギーから提供させていただきます」

と言います。

製鉄所のセールスを国王自らがやってくるわけです。

今でこそ、なんてことのない会話ですが、その事実に渋沢は仰天します。

江戸時代の常識からすれば、武士が商人のマネごとをして「うちの鉄を買ってください」なんて言うのは不届き千万。考えられない行為です。

しかし、こうした体験により渋沢は、

「これからは商人の世の中が来る」

「国が商売を後押しする」

「経済を軽く見ているうちは近代国家になれない」
と開眼していくのです。

今日残されているエピソードを知れば知るほど、渋沢の「感動癖」というか「感激癖」とでも呼ぶべき特性を見ることができます。

いくら世界情勢をその目で見ても、ベルギー国王の話を聞いても、感動も感激もしない人はいます。パリ使節団は総勢29名いましたが、渋沢ほど感動し、感激した人はいなかったのではないでしょうか。

さまざまなことを体験し、見聞きするのはもちろん大事。

しかしそれ以上に、そこから何を感じ取るのか。どのくらい感動し、どんなふうに感激するのか。この感度こそ、人生を大きく左右するのだと私は感じます。

渋沢自身、恵まれた境遇とさまざまな幸運を併せ持っていたことは間違いありません。

ただし、それだけで渋沢栄一という人物は語れません。

一つ一つの体験に感動し、感激することによって、どんどん吸収し、自らの血肉《けつにく》としていく。そんな吸収力も渋沢の大きな特徴と言えるでしょう。

若者たちが「新しい国の形」を作っていく

渋沢は28歳で帰国しますが、この年こそ1868年。明治元年にあたります。世界の最先端をその目で見てきた渋沢は、29歳のとき新政府に仕え、租税正《そぜいのかみ》となります。簡単に言えば、民部省（今でいう財務省）の租税担当になったわけです。

国のしくみも、制度も、すべてをゼロから作っていくのですから、やることは山積みです。当時、税と言えば米で納入されていたくらいですから、「そんなことではダメだ」「ちゃんとお金で納付しよう」といったことからいちいち変えていかなければなりません。国や社会のしくみをガラリと変えるというのは、そういうことです。一言で近代化といっても、実務レベルではてんやわんやなのです。

そんな時代に、渋沢は民部省改正掛《かいせいがかり》長も兼任します。改正掛とは「いろいろ制度を変えていく部署」と捉えてもらえば概《おおむ》ね間違いないでしょう。そのリーダーになったのです。とんでもない激務の上に、さらに大きな仕事が重なってきたのです。

渋沢は世界を見てきていますから、日本に帰ってくると「あれもダメ、これもダメ」「未だにこんなことをやっているのか」と問題をあっちこっちで発見します。それを、いろんな部署や担当者のところに出向き、「もっとこうしなければダメです！」と上申しまくるわけです。

しかし、状況は大転換期のてんやわんやですから「それなら君がやれ！」とばかりに、言い出しっぺがどんどん担当者になってしまいます。

とはいえ、これは非常に健全な状態とも言えます。企業であれ、国であれ、大きな変革が必要なときの「正しいあり方」ではないでしょうか。古くからの重鎮がいつまでも居座って、現場レベルに立場も権限も与えられないようでは、改革は進みません。今も昔もそれは同じ。

こうした状況だったからこそ、渋沢は目の回る忙しさのなかで次々と制度を刷新し、政府内で存在感を発揮していきます。

「この制度を作っているのは誰だ？」

「渋沢栄一という男です」

「この改革をやったのは？」

「これも渋沢がやりました」

とばかりに広く名が知られるようになります。西郷南洲《なんしゅう》（隆盛《たかもり》）はもちろん、新政府で知らない人はいないエースになっていきます。

本来なら現代も大転換期の時代ですから、「ここがダメ」「ここを変えなきゃいけない」と言うエネルギッシュな人たちがどんどん出てきて、「それじゃあ、あんたがやりなさい！」と言い出しっぺに役割も、権限も移譲するスピード感のある変革が行われなければいけません。

実際、渋沢は29歳で新政府に仕え、さまざまな制度改革や制度作りに携わり、32歳のときには大蔵少《おおくらしょう》輔事務取扱という「大臣の一歩手前」という役職にまで出世しています。

30代前半の若者が「新しい国の形」を作っていったのです。

現代では信じられない若さですが、少し時代を振り返ってみれば、当時の年齢感覚がよくわかります。たとえば、ペリーが来航したときの江戸幕府の老中は阿部正弘という人物。彼が老中になったのはなんと25歳のときです。老中と言えば、総理大臣のような立場ですから、かつての日本にとって、若い人が国の中枢を担うのは決してめずらしいことではなかったということです。

過去に縛られることなく、常に前を向いていく

新政府での渋沢の活躍を見ていくとき、もう一つおもしろい視点があります。

江戸時代の末期、渋沢が仕えたのは一橋家です。すなわち幕府側の人間です。明治新政府と旧幕府の構図で言えば、政府に敵対して函館の五《ご》稜郭《りょうかく》に立てこもって戦う側の人間です。

しかし、渋沢はそんなことはまったく意に介しません。彼の胸中にあったのは「自分は政府の役人だ」「新しい制度を作らなきゃいけない」ということだけだったのでしょう。

このあたりの過去に縛られない生き方も渋沢栄一の大きな特徴。彼は常に「目の前にある問題」に意識が向いていて、過去や現在の立場や身分などの些末なことに縛られることはありませんでした。

そんなチェンジを厭《いと》わない渋沢の生き方を象徴するかのように、33歳でこれまで勤めていた大蔵省をあっさり辞め、第一国立銀行（現・みずほ銀行）の総監という役職につきます。

役人から、民間の実業人になったのです。

農民から武士になったときが一度目のキャリアチェンジだとすれば、ここで渋沢は二度目のキャリアチェンジを果たします。

経営にとって本当に必要な「四つのこと」

実業界に身を転じた渋沢は、その後約20年にわたって、さまざまな企業や組織の立ち上げ、運営、経営に携わっていきます。

その数はなんと５００にも上ります。

第一国立銀行を始め、日本鉄道会社（現・ＪＲ東日本）、東京海上保険会社（現・東京海上日動火災保険）、東京会議所瓦斯掛（現・東京ガス）、東京株式取引所（現・東京証券取引所）、ジャパン・ブリュワリー・コンパニー・リミテッド（現・キリンホールディングス）、札幌麦酒会社（現・サッポロビール）、清水組（現・清水建設）、東京ホテル（現・帝国ホテル）、抄紙会社（現・王子製紙、日本製紙）、共同運輸会社（現・日本郵船）、東京石川島造船所（現・いすゞ自動車）、川崎造船所（現・川崎重工業）など、名の知れた企業や組織を挙げるだけでもたいへんな数になります。

東京のあらゆる場所に渋沢の功績があると言っても過言ではないでしょう。

今で言うところのスタートアップですが、多くの企業が現在も存続していることに驚きます。渋沢の「事業やビジネスに対する考え方」がいかに本質を突き、サステナブルなものかが窺い知れます。

渋沢は会社を立ち上げ、経営していくにあたり大切なことを四つ挙げています。

① 道理正しい仕事か。
② 時運に適しているか。
③ 己の分にふさわしいか。
④ 人の和を得ているか。

どんなに儲かる商売でも「道理正しい仕事」でなければいけない。これは本書のテーマでもあり、渋沢栄一のメッセージの根幹でもある『論語と算盤』そのものです。

後にも詳しく述べますが、道理正しい仕事でなければ、決して長続きはしない。それこそ、渋沢の中心にあるビジネスマインドです。

そして「時運に適しているか」。その時代における「大衆のニーズを捉えているか」と言い換えてもいいでしょう。道理正しいだけではビジネスはうまくいかず、時代のニーズも大事である、と渋沢は説いています。

さらには「己（自分）の分にふさわしいか」。

これもなかなか大切な視点で、いかに道理正しく、時運に適していたとしても、分不相応のビジネスでは決してうまくいきません。いたずらに大風呂敷を広げるのではなく、自分の身の丈にあったことをすべし。そう渋沢は教えています。

最後は、「人の和を得ているか」。

今の言葉で言えば、コミュニケーションやコラボレーションにも通じるものです。リーダー一人が暴走し、誰もついて来ないような組織ではうまくいかないでしょうし、自社のことだけを考えて、顧客や取引先、関係者とのつながりをないがしろにしているようでは商売は成り立ちません。

そんな四つを渋沢は挙げています。

私は本章の冒頭で「古典として読まない」ことをポイントに挙げましたが、この「四つの項目」を見る限り、古典どころか、今のビジネスにこそ最重要なポイントではないでしょうか。もっと言えば、ビジネスに留まらず、人として生きていくための「大事な四要素」と言えるかもしれません。

２０２０年代を迎えた現代に、この四つを社是や経営理念に掲げていたとしても、なんら違和感はありません。

渋沢の精神を今なお大切にしている大企業

渋沢が経営に大きく関わった企業の一つである清水建設に、私は講演で伺ったことがあります。清水建設では今でも渋沢栄一の教えを守り『論語と算盤』そのものを社是にしています。

清水建設の公式サイトの「経営方針」には、

当社は、１８８７年に相談役としてお迎えした渋沢栄一翁の教えである、道徳と経済の合一を旨とする「論語と算盤」を「社是」とし、この考え方を基に、当社が経営活動を通じて果たすべき社会的使命を「経営理念」として定めました。

とはっきり書いてあります。

１８８７年、清水建設の3代目店主が34歳の若さで亡くなったとき、当時8歳だった息子があとを継ぐことになりました。社員30名足らずの頃です。

そんなときに「ぜひ相談役になってください」と渋沢のところに依頼があり、それから30年以上にわたって相談役を務めたと言います。

清水建設の人に話を聞くと、当時、渋沢は毎週のように会社を訪れ「大丈夫か？」と心配してくれると同時に、先に述べた「四つの要素」を繰り返し説いたと言います。

経営に対して、そうした揺るがない軸を持っていたからこそ、渋沢が関わった多くの企業や組織が何十年も経った今でも発展し、存続しているのでしょう。

ビジネスにおいて本当に大切にするべきものとは何か。

本書では『論語と算盤』を引用しながら、たっぷりと語っていきます。

人生の最後の最後までバイタリティに溢れていた

ここまで駆け足で辿《たど》ってきた渋沢栄一の半生ですが、最晩年に渋沢は民間外交に力を入れていきます。

69歳になったとき、彼は第一銀行以外ほとんどの役職を辞し、渡米実業団の団長としてアメリカに渡ります。

渋沢に言わせれば、もちろん国同士の外交も大事だけれど、それだけでは不十分。民間レベルでもっと国際交流が盛んになれば、ビジネスはもちろん、政治や文化の面でもお互いにメリットがある。そんな思いを持っていました。

なかでも、渋沢はアメリカとの関係を重視していました。今でこそ「日米関係は大事」は当たり前かもしれませんが、ときは、第二次世界大戦が始まる30年くらい前のことです。そんな未来まで予見していたところに、渋沢の時代をキャッチする力を感じます。歴史に「もし」は禁物ですが、もし渋沢があと20年長く生きていたら、満州事変から太平洋戦争へと続く歴史は変わっていたかもしれません。

渋沢は76歳になったとき、最後に残った第一銀行頭取の職も辞し、実質的に実業界からは引退。ボランティアとして民間外交にさらなる精力を注いでいきます。

あれだけ不便な時代、しかも「人生50年」と言われていた時代に、60歳を超えてから四度も渡米しています。最後の渡米は81歳のとき。今の感覚で言うならば、その年齢で南極旅行へ行くようなものではないでしょうか。

渋沢栄一という人の人生は、それこそ最後までバイタリティと使命感に溢れていました。

ここでは簡単に「民間外交」と言っていますが、当時は民間外交なんて言葉も、概念もない時代です。まさに何もない地平に、一歩を記していかなければなりません。それを渋沢は人生の最晩年に行ったのです。驚くべきバイタリティではないでしょうか。

今は人生100年時代。

私はさまざまところで、次のようなキャリアの話をしています。

生まれてから20歳までは、生き方の基礎を身につける時間。

そして、残りの80年を二つに分けると、前半の40年、すなわち60歳までが人生の第一期です。後半の40年、60歳からの人生が第二期で、いわば人生の本番といえます。

渋沢は20歳までに、農民としての生き方を体験し、親や親戚から学んだ教養、藍玉作りによって培われたビジネス感覚、加えて激動の幕末という時代感覚を身につけていきます。

そして、武士となり、パリ万博へ行くことで世界を感じ取り、明治新政府の役人として、その手腕を発揮していきます。その後、あっさりとキャリアを変えて実業の世界に入り、500を超える企業、組織の立ち上げや経営に携わり「日本経済の父」とまで言われるようになります。

なんとも濃密な人生ですが、これは渋沢の第一期。

第二期では、これまで自分が培った経験や知識、人脈を生かして、誰にでもできるわけではない民間外交というフィールドで自らの情熱を燃やし続けます。

本書を読んでいる人のなかには「人生の第一期」を過ごしている人もいるでしょうし、「そろそろ第二期を迎える」という人、あるいは、すでに「第二期がスタートしている人」もいるかもしれません。

どんな立場にあるにせよ、渋沢栄一の人生から感じることは必ずあるはずです。

渋沢のように、自らの人生の何に感動し、何に感激し、自らの血肉としていくのか。それは自分次第です。

次章では『論語と算盤』の話に入る前に、意外と知られていない孔子という人物についても、ごく簡単に触れておきたいと思います。

渋沢栄一を知るには『論語』は欠かせませんし、論語を知るには「孔子、その人」のことを知る必要があるからです。

第2章

孔子とは、いかなる人物なのか？

論語は「孔子の言行録」

本章では、孔子という人物、そして『論語』という書物そのものについて簡単に解説します。論語の内容を理解するためにも、孔子がどういう人生を送り、論語がどのような経緯でできあがったのかを知っておくことは大きな意味があるからです。

そもそも、論語は孔子と弟子たちによる「言行録」。孔子と弟子のやりとり、あるいは弟子同士のやりとりをまとめたものです。

英語にすると、孔子は「Confucius」、論語は「The Analects of Confucius」となります。「Analects」は「言行録」という意味ですから、文字通り論語は「孔子の言行録」というわけです。

ちなみに、儒教は「Confucianism」ですから「孔子的な思想、教え」と言ったところでしょうか。もっとも、私たちは儒教とはあまり言わず「儒家の思想」という表現を用います。

極貧のなかで子ども時代を過ごしてきた

孔子が生まれたのは紀元前５５１年。紀元前５５２年という説もありますが、最近は５５

1年に統一されていると言っていいでしょう。

山東省の曲阜《きよくふ》という場所で生まれます。孔子が生きた春秋時代には「魯《ろ》」という国にあった地です。現在は、孔子の聖地として観光バスが一日に何十台、何百台と訪れる名所となっています。

孔子の名は「孔丘《こうきゆう》」。おでこが出っ張っていたことから「丘」という名がついたと言われています。字《あざな》は「仲尼《ちゆうじ》」。「仲」は次男から末っ子の一つ上の子までを表す文字で、要するに「長男でも末っ子でもない」ことを示しています。

渋沢の時代には「孔子」よりも「孔夫子《こうふうし》」という呼び方が主に使われています。いずれにしても「孔子」も「孔夫子」も、簡単に言えば「孔先生」という敬《うやま》った呼び方です。

孔子の父親は武将として名高い人でしたが、孔子が生まれてすぐに亡くなっています。そうした事情もあって、孔子はとにかく極貧のなかで子ども時代を過ごします。当時の極貧は、今とは比べ物にならない貧しさです。当然、学校になんて行けませんし、生きていくのがやっとという暮らしぶりです。

孔子の母親は、現代風に言えば巫女《みこ》のような仕事をしていました。現在でも、家を建てるときに近くの神社から神官が来てお祓《はら》いをしてくれるでしょう。そういったお祓いの仕事、あるいは祭祀にまつわる仕事をしていたと考えられます。

孔子は幼い頃から、母親の手伝いをしていました。お祓いに使う道具を運んだり、さまざまなところへ一緒に出かけていくなかで「礼」というものを自然に学んでいったのです。

暮らし向きは非常に貧しかったとはいえ、古くから続く歴史的な仕事、その背景にある文化や思想に触れながら育ってきたのは、孔子という人物を語る上で重要な要素と言えます。

後に孔子は『春秋』という中国で初めての歴史書を編纂したり、『易経』『詩経』『書経』『礼《らい》（楽）記』など多くの書物を編纂したと言われてきましたが、母親の仕事に幼い頃から関わったことで培った歴史観、あるいは、自らが貧しい暮らしをしていたからこそ感じる社会への思いなど、さまざまな要素が影響していると考えられます。

決して恵まれた人生ではなかった

その母も、孔子が23歳のとき亡くなってしまいます。

19歳で結婚したものの、孔子の生涯を通して見ると、家族や弟子など大切な人との死別を何度も経験しています。

大人になった孔子は官吏として魯の国に仕えます。国の役人として比較的順調に出世を果たし、大臣くらいの地位にはなるのですが、なかなか敵も多かったようです。

自身が貧しい暮らしをしてきたこともあって、孔子はどうしても、人々がそんな暮らしをしなくてもいいような「理想の世の中」を目指すところがありました。

しかし、いつの世も、どこの世界も、理想を説く人は何かと敵が多いものです。結局、理想の世の中を実現することは叶わず、孔子は大きな挫折を経験します。

魯の国に仕えているときから、門弟教育には力を入れていて、結果としてこれが『論語』へとつながっていくのです。

56歳になった孔子は、自らが考える「理想の世界」を実現しようと諸国を遊歴するのですが、これもなかなかうまくいきません。ときに生命の危機に直面するなど、苦労の多い人生を送っています。

孔子の思いやメッセージは当時の人々、とりわけ時の権力者たちにはあまり受け入れられませんでした。

千年、二千年の時を超えるメッセージとは？

私はよく「声の大きさ」の話をします。

たとえば、隣の人と話すときには、それに適した声の大きさというものがあるでしょう。１００メートル先の人に届くような大声で話したら、隣の人はうるさくて、たまったものではありません。

これを時代に置き換えてみてください。

孔子の声は千年、二千年の時を経て、今を生きる私たちのところにも届いています。それだけ本質的で、真理を突いているからでしょう。

しかし、それがそのまま当時の人たちにとっても「ありがたい言葉」だったかと言えば、そんなことはありません。特に、時の権力者たちにしてみれば耳の痛い話ばかりだったでしょう。要するに、うとましくて、追い払いたい存在だったのです。

逆に言えば、時の権力者たちにすんなりと受け入れられる程度の声（メッセージ）であれば、千年、二千年の時を超えることはなかったかもしれません。

結局、どこを照準にして生きているのか。

そんなテーマにもつながってきます。

もし孔子が「今すぐに出世したい」「権力者に気に入られて、ぜいたくな暮らしがしたい」と思えば、そういう意見を述べ、権力者に重用されるに至ったでしょう。

しかし、孔子はそんなところを照準にして生きてはいません。

当時の孔子が千年、二千年という年月をイメージしていたかどうかはわかりませんが、少なくとも一時的な栄華を目指すものではなく、普遍的で、永続的な価値を見ていたことは間違いないでしょう。

往々にして、歴史に残る人物とはそういうものです。

歴史書としても、文学書としても、生きる指南書としても評価の高い『史記』を書いた司《し》馬《ば》遷《せん》は、生きているときは本当に劣悪な、あらゆる屈辱を経験した惨憺《さんたん》たる人生を送りました。

しかし、この二千年間に数え切れない人が夢中で『史記』を読み、「『史記』があったからこそ勇気が出た」「自分の人生は『史記』によって豊かになった」という人が大勢います。

司馬遷もまた、声の大きな人だったというわけです。

孔子の人生に話を戻しましょう。

諸国を遊歴するも、自らの思いを果たすことができなかった孔子は、68歳のとき魯の国に戻ります。そこから先は門人教育と先王の記録の整理に時間と労力を割くようになっていきます。

孔子は70歳のとき、自分の跡継ぎと思っていた息子の鯉《り》を亡くします。それ以外にも、孔子がもっとも期待していた弟子の顔回《がんかい》とも死別。古くからの弟子であった子路《しろ》も戦争で失います。

魯の国に帰ってきた後、孔子は73歳で亡くなるのですが、大切な人を次々と失うなど辛い晩年を送っていたことが感じ取れます。

儒家の思想の中心的書物『四書五経』とは？

中国古典、なかでも儒家の思想を知る中心的な書物として「四書五経」と呼ばれるものがあります（67ページ図表参照）。ご存知の方も多いでしょう。

四書とは『論語』『大学』『中庸』『孟子《もうし》』の四つ。

すでに述べた通り、論語は「孔子と弟子たちによる言行録」ですが、現在残っているような形になったのは、じつは孔子の死後１００年ほど経ってからです。

孟子という人が体系化したことで、現在のような形になりました。ちなみに、四書の一つに数えられる『孟子』を書いたのも、書名からもわかる通り孟子その人です。

孟子は孔子から見ると「孫の孫弟子」にあたります。

孔子が跡継ぎとして期待していた息子が鯉。そのさらに息子、孔子にとっては孫にあたる子《し》思《し》という人がいます。この子思が『中庸』をまとめた人物で、子思の「弟子の弟子」（孫弟子）にあたるのが孟子という相関関係です。

四書の一つ『大学』は孔子の直接の弟子である曾子《そうし》によってまとめられたものです。

「四書五経」の五経とは『易経』『詩経』『書経』『春秋』『礼（楽）記』を指しますが、孔子によってまとめられたものだと言われてきました。

儒家の思想に関連する書物だけでも、分け入っていけばいろいろとありますが、とりあえず論語を読んでおくのが、やはり一番だと思います。

渋沢栄一も「中国の書物にはいろいろあるけれど、儒家の思想の中心は孔子であり、孔子を読むなら『弟子たちとの言行録』である論語を読むのがいい」と『論語と算盤』のなかで語っています。

四書五経と弟子の相関図

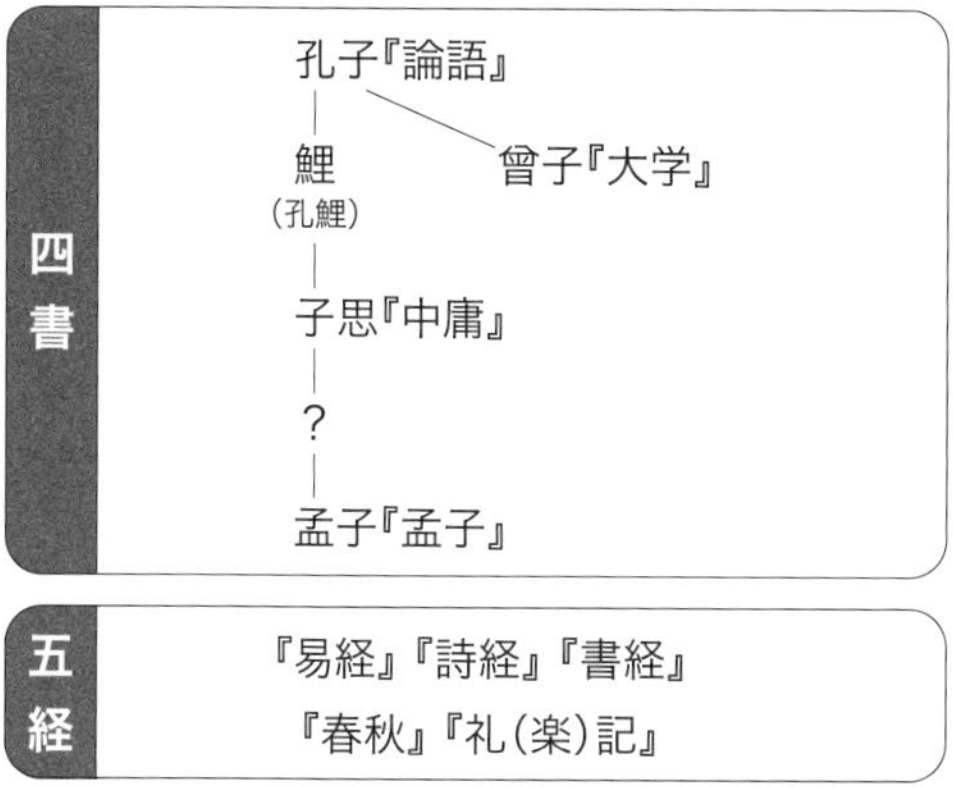

「四書五経」は、６世紀の隋の時代から科挙試験の中軸となり、これら古典を学んだエリートたちが官吏として国を治めた。日本でも江戸時代に寺子屋を通じて広く庶民に啓蒙され、教育や人格形成に大きな影響を与えた。

論語を読み解くキーワードは「礼」「仁」「孝悌」「忠恕」

その論語にはいったい何が書いてあるのか。

本書ではこれから「論語の教え」について、渋沢栄一の視点や解釈を交えながら、さまざまなテーマについてひもといていきますが、シンプルに言えば、論語には次のようなことが書かれています。

礼を理想の秩序とし、
仁を理想の道徳とし、
孝悌《こうてい》、忠恕《ちゆうじよ》をもって修練とする

この言葉だけを見て「なるほど、そういうことか」と感じ入ることができる人はほとんどいないでしょう。それをひもといていくのが本書の目的ですから、この段階ではキーワードだけ押さえておいてもらえれば十分です。

礼とは「礼儀の礼」ですし、仁とは「思いやりをもって人と人とのつながりを大切にする」ということ。孝悌とは、親孝行と年長者を敬うことであり、忠恕を端的に表せば「まごころ」と言ってもよいでしょう。

こうした人間として、あるいは社会を生きる者として、前提となる道理を論語は教えてくれます。

「仁」という一字からでも「論語の深み」を感じ取れる

予告的に一つだけ取り上げてみると、たとえば「仁」というのは「にんべん」に「二」という文字からできています。つまり「仁」とは、その文字自体で「人が二人いること」を表しています。

人は一人で生きているのではなく、人とつながり、社会とつながった存在である。その大前提を表しているのが「仁」。「自分は自分、人は関係ない」という人を「不仁」と言います。

漢方医学では、身体が思うように動かない「不随」の状態を言います。

もちろん、ビジネスには「仁」は大切。「自分だけよければいい」「自分の会社だけ儲かればいい」という発想は「仁」に反します。そんなことをしていても、本当の意味での成功はあり得ませんし、長続きもしません。


あるいは、人としての喜びとは何なのか。そんなことを考えるときにも「仁」が一つの気づきをくれます。

「自分がおいしいものを食べた」「自分が得をして嬉しかった」などということは本当の喜びではありません。なぜなら、そこに「仁」が感じられないからです。

本当の喜びとは、誰かが幸せになることをあなたが喜んだり、あなたが幸せになることを誰かが喜んでくれる。そういうところにあるものです。

それこそが「人と人とのつながりのなかで感じられる幸せ」であり「仁」というものです。

こうしてみると「仁」とは人類愛と言い換えることもできます。

論語には、こんな言葉があります。

仁に里《お》るを美《よ》しと為《な》す。択《えら》んで仁に処《お》らずんば、焉《いずく》んぞ知なることを得ん。

「仁」すなわち「人と人とのつながりを大切にする」というのは美しいことである。「仁」を常に心に持っておくと、本当の意味で美しくなっていく。そんなことを説いています。

自分の利益のために「仁」を忘れてしまうようでは、賢明な人とは言えない。「仁のある生き方をするか、そうでない生き方をするか」は人それぞれ、自由です。しかし、本当の意味で美しい人となり、愉快な人生を送ろうと思うなら、自ずと「仁に生きていくこと」になる。

そんなメッセージが込められています。

あなたの心に「仁」はあるでしょうか。

二千年以上前の言葉ですが、現代を生きる私たち個人にとっても、社会全体、ひいては地球全土を通してみても、とても大事な心のあり方を示しています。

人と人とのつながりを軽んじ、自分の（あるいは自国の）利益だけを追い求めていたら、世の中はどうなるでしょうか。地球上の人間の多くが、「自分だけ！」「自分が先だ！」と言いだしたらどうなるでしょう。自分、自国ファーストとは恐ろしい考え方なのです。だいたいそんな世の中は美しいと言えるでしょうか。

論語をただの古典として読むのではなく「今を生きるヒント」として読み解けば、さまざまな気づきや問いが生まれます。

そんな論語の言葉を通じて、渋沢栄一は何を感じ、どう解釈したのか。あるいは、どんなふうに自らの人生やビジネスにつなげていったのか。

本書の後半は、そんな話を展開していきます。

儒家の思想の根本は「人間に対する大いなる期待」

本章の最後に、「儒家の思想とはどういうものか」について触れておきます。

儒家の思想の根本には「人間の救済は人間にのみ可能」という姿勢が貫かれています。人間の救済は神がしてくれるのではなく、人間自身にしかできない。それが前提となっています。

歴史をひもといてみると、中国では早くに神話が滅びました。

やはり、そこは自然環境の影響が大きいでしょう。古代中国の国家は大河・黄河の流域にありましたから、大洪水による水害に幾度となく見舞われます。ひとたび洪水が起これば、人の命も、生活も、社会基盤もすべてが流されてしまいます。

当時の人々は、当然のように神に祈ります。山の神にも、川の神にも祈りましたが、それで洪水が治まることはありませんでした。

そこで彼らは目覚めるわけです。「神に祈っているだけではダメだ」「治山、治水に長け、大規模工事を実現できるリーダーが必要だ」と。

まさに「人間の救済は人間にしかできない」です。

言い換えるなら、「人間に対する大いなる期待」が儒家の思想には流れています。中国人のリアリズムにつながっている、と捉えることもできるでしょう。

私は孔子を「理想の世の中を目指した人」と表現しました。

たしかに、彼は「実現したい社会」においては非常に崇高で、高い理想を抱いています。

しかし、「そのために何が必要か」「何をすべきか」という部分においては徹底した実践家で、厳しいリアリストでもありました。

ゆえに論語には、非常に現実的で、厳格なメッセージが溢れています。決して、理想を夢見る空論ではありません。

理想を追い求めながらも、現実的な面を忘れない。

だからこそ、渋沢栄一も惹かれ、今という時代においても色褪《あ》せることのない指南書となっているのです。

第3章

『論語と算盤』がサステナブルな世の中を作る

こんなに絶妙なタイトルはない

第１章で渋沢栄一の生涯を語り、第２章では「孔子、その人」と『論語』について触れました。続く第３章では『論語と算盤』について解説しておきたいと思います。

『論語と算盤』とは、じつに絶妙なタイトルです。

ここで言う論語は、言わば「道理」を意味します。世の中における本質と言ってもいいでしょう。

そもそも道理とは、法律に則っているとか、ビジネスの時流に合っている、といった小さなものではありません。もっと大きく、普遍的な「宇宙の法《のり》」「天の法則」とも呼ぶべきものです。

たとえば前章で触れた「仁」という言葉。

仁とは「人と人のつながり」にある。人とつながり、社会とつながっていかなければ、人は生きていくことができません。それは「法律がどうとか、時流がどう」というレベルを超えた「天の法則」ではないでしょうか。

道理とは、そういうスケール感のものであり、渋沢栄一は世の中の道理を「論語から学べ」と言っているのです。

一方の算盤とは、商売、ビジネスを指します。

すなわち『論語と算盤』は、そのタイトルからして「道理とビジネスの切っても切れない関係」を表しています。なんとも絶妙なタイトルではないでしょうか。

『論語と算盤』の冒頭には、こんな文章があります。


論語というものと、算盤《そろばん》というものがある。これは甚《はなは》だ不《ふ》釣《つり》合《あい》で、大変に懸隔《けんかく》したものであるけれども、私は不断《ふだん》にこの算盤は論語によってできている。論語はまた算盤によって本当の富が活動されるものである。ゆえに論語と算盤は、甚だ遠くして甚だ近いものであると始終論じておるのである。


論語と算盤、すなわち「道理」と「ビジネス」は、普通に考えれば非常に不釣合で、かけ離れたものである。しかし、ビジネスは道理によって成り立っていくもので、道理もまたビジネスによってその真価が現れる。

だからこそ「道理とビジネス」は一見遠そうに見えて、非常に近いものなのだ。

そう渋沢は説いています。

「論語を読めばビジネスがうまくいく」とはどういうことか？

渋沢のおもしろいところは「ただ、道理が大事だよ」とは言わない点です。

もし、あなたがビジネスや仕事で成功したいと思うなら、「ぜひ、道理を学びなさい」と言うわけです。

いったい、これはどういうことでしょうか。

「ビジネスで成功したい」と言っている人に「論語を読め」なんて言っても、よほど感度のいい人でもなければ、「論語を読んで、ビジネスが成功するのか？」「もっとビジネスに直結するスキルやノウハウを教えてくださいよ」と言いたくなるでしょう。それが普通の感覚です。

実際、渋沢も、論語と算盤は「不釣合」で「懸隔《けんかく》したもの」と表現しています。

百歩譲って「論語を読むことの大切さ」を理解したとしても、「論語を読めばビジネスが成功する」（成功に近づく）とはどういうことでしょうか。

渋沢は「ビジネスをやるからには、まず人間というものをちゃんと理解しなさい」と言いたいわけです。

ビジネスに直結する経営理論やマーケティング、金融工学、最新の組織論やイノベーション理論を学ぶのもいいでしょう。

しかし「そもそも、人間とはどういうものか」「人間関係とは、どのようにすればうまくいくのか」という原理・原則、もっと言えば道理を理解せずして商売をしても、決してうまくはいきません。だから、「人間を知らなきゃ、商売なんてできないよ」と渋沢は言うわけです。

では、何から人間を知るのか。

もちろん論語からだ。そういうメッセージです。

事実、論語には「人間とはどういうものか」「人間関係のイロハ」についてもふんだんに記載があります。

利益中心主義では本当の成功は得られない

渋沢が非常にバランスの取れた実業人であることは、まさにこの論語と算盤という組み合わせからも読み取れます。

聖人君子のような立ち位置から「道理が大事だよ」「人間を知ることが重要だ」とは言わず、「ビジネスを成功させるために、そうしたことが大事なんだよ」という文脈で語るあたりが渋沢流。

ビジネスですから、利益を追求するのは当然です。それは決して悪いことでも、否定すべきことでもありません。

ただし、自分のことだけを考え、利益のみを追求してビジネスをやっても、本当の意味での成功は掴めません。

ここがビジネスのおもしろく、難しいところです。利益を求めても、利益は得られない。そんなビジネスの本質を渋沢は強調しているのです。

ある意味では、現代にも通じるサステナブルな経営思想ではないでしょうか。

商品を作るとき、原料や材料を取引先から安く仕入れるのはビジネスの基本。しかし、大企業の強い立場を利用して、下請け会社を圧迫するような取り引きをしていたらどうでしょう。それが「仁」と言えるでしょうか。

そんな「仁」にもとる商売をしていたら、一時的には利益が出るかもしれませんが、決して永続性はなく、自社の発展はありません。

自然環境に対しても同じ。経済、効率、利益ばかりを優先して自然を無遠慮に破壊しながらビジネスをしていたら、いつかは行き詰まります。今、世界が直面している大問題の一つです。

ここでも、ただ「自然環境を守ることが大事だよ」と倫理的にばかり言うのではなく、私たちの生活を持続可能にするためには、経済活動をきちんと続けながらも、自然環境を守ることが大事ではないか。そんな現実的な視点が、昨今の「サステナブル」（持続可能な）というキーワードには込められています。

ものの道理や本質をきちんと理解し、踏まえた上で、ビジネスをやっていかなければいけない。まさに『論語と算盤』の考え方です。

今はネット全盛の時代。世界中の人々が直接つながっている世の中です。そんな時代に、人として道理に合わないことをして、企業を持続させることなどできません。

だからこそ「商売」をするなら「ものの道理」を理解しよう。

論語（道理）を知らずして、算盤（ビジネス）はうまくいかない――。

そういうことを渋沢は説いています。

さらに渋沢は、現代の私たちに警鐘を鳴らすかのようにこんなことも言っています。

現今世の進歩に従って、欧米各国から新しい学説が入って来るが、その新しいというは、われわれから見ればやはり古いもので、すでに東洋で数千年前に言っておることと同一の者を、ただ言葉の言い廻しを旨くしておるに過ぎぬと思われるものが多い。欧米諸国の日進月歩《にっしんげっぽ》の新しい者を研究するのも必要であるが、東洋古来の古い者の中にも捨てがたい者のあることを忘れてはならぬ。

現代のビジネスパーソンは、勉強熱心で、意識が高い人ほど、欧米から入ってくる最新のビジネス理論やメソッド、スキームを学ぼうとします。

もちろん、それも大事でしょう。しかし、ものの道理というのは、古くからある東洋思想や東洋の古典のなかにびっしりと書かれている。「そういうことを忘れてはいけないよ」と渋沢は語っています。

１００年以上前に語られたことですが、今でも色褪せないどころか、今という時代にこそより重要なメッセージだと言えます。

「道理」と「事実」と「利益」は必ず一致する

渋沢は『論語と算盤』のなかで「道理と事実と利益と必ず一致するものである」と語っています。

平たく言えば、世の中で起こっている事実というものは、そもそも道理に適っているもので、道理に適っているからこそ利益も生まれる。道理、事実、利益というのは相反するものではなく、全部一つにつながっているというわけです。

さらに、渋沢はこんなことも言っています。

常にこの物の進みは、ぜひとも大なる慾望《よくぼう》をもって利殖《りしよく》を図《はか》ることに充分でないものは、決して進むものではない。

その富をなす根源は何かといえば、仁義道徳。正しい道理の富でなければ、その富は完

全に永続することができぬ。

この文章だけでは、すんなりと意味を理解しにくいのですが、要するに一つ目の文章では「大いなる欲望を持って商売、ビジネスをやらなければ、豊かになんてなっていかない。そのくらいの気概がなければ、経済は成長していかない」と語っています。「商売をやるなら、大いなる欲望を持て。そうでなければ富なんて得られぬ」と言うことです。

しかし、その富をなす根源は何かと言えば、仁義道徳である。道理に適った富でなければ、決して長続きはしない。そう渋沢は続けたわけです。

松下幸之助が考えた「利益とは何か」

このメッセージに触れると、私はいつも松下幸之助のあるエピソードを思い出します。

そもそも経営には「商店経営」と「企業経営」という二つがあります。

私はこれまで１０００人を超える経営者とつき合ってきましたが、そのうちの60～70%の経営者はいわゆる「商店経営」。小さな規模の経営者です。

たとえば、昭和初期にはラジオブームが起こり、１００社くらいの会社がこぞってラジオを作り、売り出しました。

しかし、そのほとんどは商店経営の規模を出ることはありませんでした。松下電器（現・パナソニック）などごく限られた一部の会社だけが、商店経営から企業経営へと規模を拡大していったのです。

この差はいったいどこにあるのか。

そんなことを考えているときに、松下幸之助のあるエピソードを知りました。

天下の松下と言っても、最初は小さな商店です。松下幸之助も商店経営をやっている「電気屋の親父」に過ぎず、「なんとかウチの商店を潰さないようにしよう」「儲けが出るようにしよう」と思っている経営者の一人でした。

しかし、あることをきっかけに松下は飛躍的に売上を伸ばし、商店経営から企業経営へと変貌していきます。

かつて、順調に売上が伸びてきた頃、松下幸之助はあるジレンマに悩まされていました。

それが税金です。

「ウチががんばって、せっかく儲けが出たというのに、儲ければ儲けるほど税金に持っていかれる。こんなことではやってられん。これなら、そこそこの売上に留《とど》めておいた方がええやないか！」

そう感じたわけです。

そんなジレンマに直面した松下幸之助は「しばらく休ませてくれ」と言って、一人でどこかに籠《こ》もってしまいます。

4、5日後、会社に戻ってくると「ああ、さっぱりしたわ」と松下幸之助は言います。

訳がわからない従業員たちが「いったい、どうしたんですか？」と聞くと、

「よく考えてみたら、わかったわ。あの金は、そもそも我々の金じゃなかった。社会の金やった。社会の金を、ある一時期だけ我々が預かっているだけやった。だから、社会が欲しいと言うんやったら『ハイ』と言って差し出すべき金やったんや。それがよくわかったわ」

と松下幸之助は言ったというのです。

そこから松下は急激に成長することで企業経営のレベルに達し、世界的大企業となっていきます。

非常に興味深いエピソードではないでしょうか。

言ってみれば、松下幸之助は道理に気づいたのです。ものの道理、世の中のつながりに開眼したからこそ、商売というものをより深く理解したわけです。

そして、道理を理解したからこそ、利益は大きくなっていく。

渋沢の言う「道理と事実と利益と必ず一致する」という言葉を象徴するようなエピソードです。

もちろん、この一点だけが松下を成長させた要因ではありません。

しかし、もし松下幸之助が「ものの道理」に気づくことなく、依然として「そんなにたくさんの税金を持っていかれるなら、売上もそこそこの方がいい」というスタンスで経営していたら、間違いなく現在の姿はなかったでしょう。

そしてもう一つ、ここで忘れてはならないのは「ただ、道理に則ればいい」というわけではない点です。

渋沢の言葉を思い出してください。彼は「商売をやるからには、大いなる欲望を持て」と語っています。単なる聖人君子になるのではなく、ビジネスを成功させる大いなる欲望の大切さを語っています。

松下幸之助にも大いなる欲望がありました。野望と言ってもいいでしょう。それは大前提です。

しかし、その欲望の源泉となる部分で、道理に適った考え方ができるかどうか。ここが重要なのです。

ソニーにしろ、ホンダにしろ、小さな商店から企業経営へと昇華させる本物の経営者とは、得てしてそういう「道理や本質」と「大いなる野望」というマインドを両手に持っているものです。

一見矛盾する二つを持って、懸命に集中して経営に没頭邁進しているうちに、いつしか二つが一つになり、第三のものになって一段も二段も経営力を高めていくものなのです。

「論語と算盤」という両輪によって「サステナブル」は実現する

ここまで本章では「算盤には論語が大事」、すなわち「商売、ビジネスをやるからには、道理を理解しなければいけない」という話をしてきました。

そして、もう一つ見逃してはならないのは、渋沢が次のように語っている部分です。


算盤は論語によってできている。論語はまた算盤によって本当の富が活動されるもので

ある。

「算盤には論語が必要」というだけでなく、「論語の方も、算盤とつながることで、本当の価値が生まれる」という逆の視点も指摘しているのです。

いったいこれはどういうことでしょうか。

結論を言ってしまえば「行動で示さなければ、意味はないよ」と説いているのです。

論語を読んで、ものの道理をどんなに理解したところで、自分の行動に昇華させなければ、それはただの知識で終わってしまいます。

実業人・渋沢栄一に言わせれば「それを商売に生かし、大きなビジネスにして、本当の富を得なければ、社会のため、国民のためにならないでしょう。それこそが、論語を最大限に生かすということではないか」というわけです。

このあたりが渋沢の優れたバランス感覚であり、傑出した実業人たる所以《ゆえん》です。

「金看板」とは、もともとは西郷南洲の言葉ですが、まさに金看板のように論語の思想を主張しているだけでは、何の意味もありません。「論語読みの論語知らず」という言葉もある通り、行動してこそ「論語の真価」は発揮されます。

もっと厳しいことを言うなら、ものの道理を理解するだけでなく、ビジネスとして成り立たせるだけの実力を持っていなければいけない。そんなふうにも感じ取れます。

松下幸之助が、あのとき「道理を理解した」ことはもちろん重要です。しかし、絶対に忘れてはいけないのは「同時に、商売を成功させるだけの本物の力を持っていた」という点です。

この両輪によって、論語も、ビジネスも、本当の価値を生むわけです。

渋沢の理想主義的なところと、リアリストの側面がありありと感じ取れる気がします。

しかし、これこそが現代の「サステナブルな企業運営」「サステナブルな社会作り」に必要な部分ではないでしょうか。

道理や道徳はもちろん大事です。

しかし、それを叫んでいるだけでは何の問題も解決しません。

道理や道徳だけでは、企業も、経済も、国も、社会も成り立ちません。それらをしっかりと成立させるだけの能力、リーダーシップが必要なのです。

本当の意味でサステナブルな世の中を実現するためには、論語だけでも、算盤だけでも不十分です。「論語と算盤」という両輪が揃い、一体化し、経営能力になることで初めて、この難しいミッションが可能になるのです。

キャリアチェンジで生まれた「士魂商才」という発想

『論語と算盤』を読んでいると、渋沢栄一がいかにバランス感覚に優れた人なのかを感じずにはいられません。

このバランス感覚はどこから来ているか。それはやはり「身分を変えながら生きてきた」というところが大きいでしょう。

『論語と算盤』のなかには、そんな渋沢ならではの「士魂商才」というユニークな表現が出てきます。

昔、菅原道真《すがわらみちざね》は和魂漢才《わこんかんさい》ということを言った。これは面白いことと思う。これに対して私は常に士魂商才《しこんしょうさい》ということを唱道するのである。和魂漢才とは、日本人に日本の特有なる日本魂《やまとだましい》というものを根底としなければならぬが、しかし支那は国も古し、文化もはやく開けて孔子、孟子《もうし》のごとき聖人、賢者を出しているくらいであるから、政治方面、文学方面その他において、日本より一日の長《ちょう》がある。それゆえ、漢土の文物学

問をも修得して才芸を養わなければならぬという意味であって、その漢土の文物学問は、書物もたくさんあるけれども、孔子の言行を記した論語が中心となっておるのである。

古くは菅原道真が「和魂漢才」ということを語っています。

日本人であるからには、もちろん日本の文化、大和魂を根底にしなければならない。それは当然である、と。

しかし当時の日本にとっては、中国にもさまざまな面で一日の長があって、そこから学ぶべきものは多い。しかしあくまでもベースは「和の魂だ」と言っているわけです。

この「和魂漢才」という表現をもじって、渋沢は「士魂商才」と言うようになります。

士魂商才というのも同様の意義で、人間の世の中に立つには、武士的精神が必要であることは無論であるが、しかし、武士的精神のみに偏して商才というものがなければ、経済の上から自滅を招くようになる。ゆえに士魂にして商才がなければならぬ。

士魂商才とは、文字通り「武士的な精神性」と「商売人としての才能」を両方持っていなければいけないというメッセージです。

武士というのは、誇りと恥を心の真ん中に置いて、常に「恥ずかしくない振る舞い」を心がけるものです。それが武士道というものです。

しかし、それだけでは経済の面から自滅を招いてしまう。

江戸の末期を見ればわかる通り、士農工商という身分制度で商人は一番下ではあるものの、実際には、経済力を持っている商人が社会における影響力を持っていきます。

渋沢はパリへ行ったときにも「これからは商人の時代が来る」と肌で感じています。「武家の商法」では全然ダメだよ、というわけです。

といって、渋沢は「だから、武士はダメなんだ」と全否定はしません。このあたりがバランス感覚のいいところです。

渋沢自身、軽やかに身分を変えながら生きてきました。

それもただ変えるだけでなく、常に以前の身分の利点を生かし、フル活用しながら、よりユニークな存在になっていった経験があります。

農民出身だからこそ、武士になった後も農民の気持ちがわかり、農作物の良し悪しを判別する目も持っていました。

明治以降、武士から国の役人となり、その後は実業人として商売の世界に足を踏み入れるのですが、ここでも単なる「利益主義の商売人」になるのではなく、武士としての誇り高い精神や、国のことを思う役人としての視点を忘れませんでした。
そんな渋沢だからこそ「士魂商才」という発想がごく自然に生まれたのです。

誰もがキャリアチェンジをする世の中

今の世の中、私たちは「キャリアを変えながら生きていくこと」を半ば宿命づけられています。20歳前後で就職した会社で、何事もなく、同じ仕事を一生やり続けていく人はほぼいなくなるでしょう。

それが大転換期を生きるということ。今や、キャリアチェンジが必須の世の中になっています。

だからこそ、大事なのは柔軟に発想を変えながら転身していくこと。

加えて、以前のキャリアを存分に生かし、次のキャリアでフル活用していくことです。

構造としては「士魂商才」とまったく同じです。

ちなみに、私は30代から50歳まで、ビジネスの真っただ中で仕事をしてきました。詳しくは第9章でも触れますが、50歳まではバリバリのビジネス領域で、コンサルティング業務をしていました。

しかし、50歳のとき「東洋思想」というジャンルに大きく舵《かじ》を切りました。

今でこそ『論語』や「老荘思想」など、東洋思想、中国古典に関する講演や執筆を頼まれることも多いですが、じつは私の仕事の中心は「東洋思想をベースとした経営論」「東洋思想を踏まえたビジネス戦略」、さらに「東洋思想を重視した資本主義、新しい企業のあり方」についての分野です。

まさに「ビジネスの経験」と「東洋思想の知見」という掛け算が私の存在をユニークにしていると私は自覚しているわけです。どちらがなくても、私という存在は語れません。

「武士の精神性」と「商才」の掛け算を語った渋沢栄一。

その発想そのものに、彼の人生を感じずにはいられません。

キャリアチェンジが必須となる現代だからこそ、その時々の身分や立場、経験から何を吸収し、それをどのように次のキャリアにつなげていくか。どんな掛け算によってユニークな存在となっていくのか。

そのロールモデルとしても渋沢栄一は注目すべき存在なのです。

第4章

「志」と「行動」について

「志」とは「自分の長所ありき」である

ここからは「渋沢栄一」『論語』『論語と算盤』という三つの素材を使いながら、さまざまなテーマについて考察していきます。

それぞれのテーマにおいて渋沢や孔子は何と言っているのか。そこから私たちは何を感じ取り、今を生きていく糧《かて》とするのか。

そんなことを考えながら、読み進めていただければと思います。

最初のテーマは「志《こころざし》」です。

志について、渋沢は何よりもまず「慎重に考えなさい」と説いています。

そもそも人は迷いやすいもので、社会の風潮や一時の感情に乗せられて「これをやりたい！」「これをやっていくんだ！」と簡単に思ってしまうところがある。しかし、そんなことでは「志を立てた」とは言えない。そう渋沢は断じています。

では、どのように考えればいいのか。『論語と算盤』には次のような言葉があります。

まず自己の頭脳を冷静にし、しかる後、自分の長所とするところ、短所とするところを

精細に比較考察し、その最も長ずる所に向って志を定めるがよい。またそれと同時に、自分の境遇がその志を遂ぐることを許すや否やを深く考慮することも必要で、例えば、身体も強壮、頭脳も明晰《めいせき》であるから、学問で一生を送りたいとの志を立てても、これに資力が伴わなければ、思うようにやり遂げることは困難であるというようなこともある

志とは「自分の長所ありきなんだ」と渋沢は考えます。

大学生などが就活するときに「自分のやりたいことが見つかりません」とよく言うでしょう。そのようなとき、まずは冷静になって頭をクリアにする。

クリアにした頭で何を考えるかと言うと「自分の長所、短所はどこだろう」と見つめるわけです。その上で「自分の長所がもっとも発揮できるところがどこか」を探っていく。

志を考えるとは、そういうことだと渋沢は説いています。

たしかに説得力のあるアプローチです。

ここで一つ、私がつけ加えておきたいのは「自分がやりたいこと」と「自分の長所が発揮できること」はまったく別物かと言えば、決してそんなことはないということです。

そもそも人は自分が愉快なときにもっとも力を発揮します。ワクワクしているからこそ、

どんどん力が発揮できるのです。

これこそ、渋沢が言っている「最も長ずる所」だと私は捉えています。

クリアな頭でぜひとも考えて欲しいのは「自分がもっともワクワクして、どんどん力を発揮してしまう領域とは何か」ということ。

人生を貫く志とは、本来そういうところから立ってくるのだと私は考えています。

渋沢栄一も「自分の人生」を後悔していた？

渋沢は話の後半で「境遇も考慮しなきゃダメだよ」とつけ加えています。このあたりが渋沢らしいバランス感覚であり、非常に現実的なところです。

やりたいことがあって、そこに向かう資質を持ち合わせていたとしても、それを続けていけるだけの境遇、条件が整っていなければ、志とすることはできない。「がんばれば、なんとかなるよ」なんて甘いことを渋沢は言いません。

ワクワクして、自分の長所が存分に発揮できるのはどこなのか。

そして同時に、それをやり続けられるだけの条件が揃っているのか。

そういうことをじっくり考えろ、と渋沢は言っているのです。

その上で「これなら一生を貫いていける」という見通しが立ったなら、自らの人生の方針として定めていく。

そんな慎重さを渋沢は説いています。

余談ながら、渋沢自身、自らの立志については、役人を辞め、実業の世界に入った33歳の頃だったと回顧しています。非常におもしろいのは、国の役人となり、政治の世界に身を投じたことを「短所に向かって突進するようなものだった」と反省し、後悔している点です。

元来の才能や資質からすれば、最初から商売、実業の世界に進むべきだった。もし十代の頃からそちらの方面の勉強をしたり、経験を積んでいれば、今以上の自分になれたのに「非常に惜しい」「とんでもない浪費をした」とまで振り返っています。

渋沢の生涯をひもといてみれば、武士となり役人となったからこそ、さまざまな経験を積み、人脈を作り、その後の渋沢栄一を作ったのだと、きっと誰もが思うでしょう。「人生の浪費をした」なんてとんでもない。そのキャリアの積み重ねこそ、大きな意味があるのだと私も感じます。

しかし、本人の評価はまったく違っているのですから、これはこれで、なかなかおもしろいものです。

「志」は簡単に立つものではない

志に関して、渋沢は「大立志」と「小立志」という独特の表現をしています。「大きな志」を立てたら、それで終わりというわけではなく、その枝葉となる「小さな志」を立て、日々工夫して生きていくことが大事だということです。当然ながら、「大立志」と「小立志」に矛盾があってはなりません。

世の中を見回してみると「大立志」は立派だけれど「小立志」がなく、矛盾を感じる人はたくさんいます。

「こういう世の中を実現するんだ！」と大きな志を掲げたはずの政治家が、日々の活動のなかでは「大立志」に即した「小立志」を実行しているとは言えない。そんなタイプもめずらしくはありません。

会社の経営も同様です。掲げている理念がいかに崇高でも「日々やっていること」や「日常的に社長が言っていること」がその志に反していたら、誰も信用しなくなるでしょう。

それでは、本当の意味で「志を立てた」とは言えません。

大志を日々の活動に落としこんで、少しずつ実行して積み上げる。小志とはそういうものでしょう。

志というものを、なんとなく立てることはできたとしても、それが自分の人生を貫く「本物」となるのは決して簡単ではなく、相応の時間がかかるということです。だからこそ慎重に考えろ、と渋沢は言うのです。

論語のこの言葉を知っている人も多いでしょう。


吾れ十有《ゆう》五にして学に志《こころざ》す。三十にして立つ。四十にして惑《まど》わず。五十にして天命《てんめい》を知る。六十にして耳順《みみした》がう。七十にして心の欲する所に従って、矩《のり》を踰《こ》えず。


そのまま読むと「十五歳のとき『学問をして一生を生きていく』という志を立てた」とも読めますが、現代的に読めばそれは少し違います。

「十五歳で志を立てた」と言うより、この段階では「これから大いに学問をしていかなければならない」という気持ちを表明したくらいのもの。「三十にして立つ」というところで、やっと「この分野で生きていけるだろう」という自信や感触めいたものが感じ取れます。

しかし、「四十にして惑わず」とあえて言っているところを見ると、三十のときに完璧に志が立っていたかと言えば、必ずしもそうではなかったということです。四十歳になるに及んで、初めて立志が完成したと読み解けます。「惑わず」とはそういうことです。

これは渋沢栄一の解釈でもあり、私も同感です。かの孔子と言えども、立志にはかなりの時間がかかっているということです。

芸人には芸人の鍛錬法がある

15歳というのは昔で言えば元服《げんぷく》の時期。現代に置き換えれば、ちょうど社会に出る20歳前後といったところでしょう。

20歳前後で一生の志が固まるかと言えば、それはなかなか現実的ではありません。社会に出るとき「この世界でやっていこう」という思いを持つことは大事ですが、その世界を知り、やっていけるのかどうかを見極めるには、やはり10年くらいはかかります。

以前、お笑いで有名な吉本興業の幹部の方から、とても興味深い話を聞かせてもらいました。

吉本興業の名誉のために言っておくと、この話自体10年以上前のことなのですが、当時、私が「芸人を始めたばかりの人には、いくらくらい払っているんですか?」と尋ねてみたら、「月に2000円ほどです」と言います。

月に2000円ですよ。20万円でも、2万円でもなく、2000円です。

驚いて、何かの間違いかと思ったら「本当に2000円です。でも、そこにすごく意味があるんです」と彼はその意味を説明してくれました。

あらためて言うまでもなく、2000円では生活なんてできたものではありません。そこでどうするかと言うと、先輩におごってもらうんです。先輩におべんちゃらを言って、必死によいしょして、気に入られて、毎日誰かしらにごちそうしてもらう。そうしなければ、そもそも食べていけません。

しかし、そういう生活だからこそ「こうすれば先輩は喜んでくれる、笑ってくれる」「こんなことをすると怒られる」という、その世界のしきたりや空気感、生き方のようなものを学んでいける、とその方は言っていました。

それができる人は食いつないでいけるし、いずれ芸人にもなっていける。一方で、それができない人は、その世界から離れていくしかない。

そういう世界だと言うのです。

生活していくために〝芸を磨く〟ことが勉強になる。「なるほど」と思わされる話です。

「天命を知る」とは天とつながること

20歳前後で「芸人になろう」と思ったところで、それは本当の志とは言えません。その世界を知り、その世界で生きていけるのかどうかを見通せるようになるまで、やはり10年くらいはかかるということです。まさに「三十にして立つ」です。

それでもまだ揺《ゆ》らいでしまうことはあるでしょう。

一人前になって、さらにその世界で10年ほど生き抜いてみて、初めて「自分の人生はこれしかない」「これで生きていくんだ」ということに迷いがなくなる。それが「四十にして惑わず」ということなのでしょう。

芸人に限らず、どんな世界で生きている人にも共通することです。

その先で「五十にして天命を知る」という非常に重要なステージに至ります。

どんな職業でも、最終的には「天命を知る」すなわち「天とつながる」ことが大切だと私は考えます。「仁」とは「人と人とのつながり」のなかにあると述べましたが、自分の仕事が天とつながる。すなわち、社会や世界につながっていくのが50歳という一つの境地なのです。

論語のこの言葉については「60歳、70歳」は付け足しくらいに捉えておいた方がいいと私は思っています。60歳になったのなら、いろいろと耳の痛いことを言われても、素直に受け止めるくらいの余裕が持てるようになり、70歳に至っては、好き勝手に振る舞っても道理を外れることはなくなる。そんな人間としてのあり方を語っています。

先ほど、「60歳、70歳は付け足し」と述べましたが、それは決して否定的な意味ではありません。「六十にして耳順がう」というように、ここから調子が変わることに気づいたのだと思います。要するに、この時期からは人格形成に力を入れるということです。電力王と呼ばれた松永安左エ門の茶人としての「耳庵《じあん》」という号はここから来たものです。いやなことにもあまり歯向かわないで、「そうか」とうなずくくらいの度量の広さを持ちなさいと言っている。

「七十にして心の欲する所に従」えというのは、たとえば警察のご厄介になったり、はた迷惑にならないようにということです。つまり規範がしっかりしており、越えてはいけない一線は理解している。要するに迷惑をかけない範囲で好き勝手にやる、自由闊達《かったつ》な心境を得ているということです。

私に言わせれば、60歳までは１回目の人生で、60歳から１００歳までは２回目、つまり愉快で愉快でしょうがない人生にならなければいけないという提案です。

いずれにしても「三十にして立つ」「四十にして惑わず」「五十にして天命を知る」というのは、志を考えていく上でとても大事で、有効な教えです。

自分にとって、本当に人生を貫いていけるもの。志とは、そういうものです。

「志」と同じくらい「所作」が大事

志はたしかに大切です。

しかし、それと同じくらい、もしかしたらそれを超えるほどに大切なものとして、渋沢は「所作《しょさ》」を挙げています。立ち居振る舞い、行動の部分です。

実際、世の中には真面目で、素直で、誠実なのにまったく人から評価されない人もいれば、不真面目で、不誠実なのに、仕事で成功したり、評価されたりする人がいます。

その違いは何なのか。非常に興味がある、と渋沢も語っていますし、その一つの答えとして、こんなことを論じています。

人の行為の善悪は、その志と所作と相俟《あいま》って較量《こうりょう》せねばなるまい。志が如何に真面目で忠恕の道に契《かな》っていても、その所作が遅鈍《ちどん》であるとか、放僻邪侈《ほうへきじゃし》では何にもならぬ。志においては、飽くまで人の為になれかしと思って居ても、その所作が人の害となるようでは善行といわれぬ。昔の小学読本《どくほん》に、「親切のかえって不親切になりし話」と題して、雛《ひな》が孵化《ふか》せんとして卵の殻から離れずに困っておるのを見て、親切な子供が殻を剝《む》いてやったところが、かえって死んでしまったという話がある

その人の善悪というのは「志」や「心のなか」だけでなく「行為」や「振る舞い」も併せて判断しなければならない。どんなに思いやりがあっても、行動が鈍かったり、機転が利かなかったり、わがままに振る舞うようなところがあったら、意味がない、と渋沢は言っています。

いくら「相手のため」という思いがあったとしても、実際の行動が相手のためになっていないのなら、それは善行とは言えません。孵化しそうな雛の卵を「よし、手伝ってやろう」

とばかりに殻を剥いてしまったら、雛は死んでしまいます。どんなに気持ちが美しくても、これは善行とは言えないのです。

論語が教える「礼」とは何か

心の内より、行動が大事。世の中とは、たしかにそういう面があります。

ただし、この渋沢のメッセージを「所作がよければ、心のなかはどうだっていい」と捉える人がいたら、それはあまりに知恵がなさすぎます。心根が美しくなければ、いつかはボロが出る。それは道理というものです。

とはいえ「所作が大事」というのも重要な真理の一つです。

そもそも「心のなか」は見えませんから、どうしたって私たちは目に見えやすい部分で人を評価するものです。これも一つの道理であって、どんなに誠実な思いがあっても、それを行動に示さなければ意味はありません。

論語には、こんな言葉があります。

知はこれに及べども仁これを守ること能《あた》わざれば、これを得ると雖《いえ》ども必らずこれを失

う。知はこれに及び仁能《よ》くこれを守れども、荘以てこれに涖《のぞ》まざれば、則ち民は敬せず。知はこれに及び仁能《よ》くこれを守り、荘以てこれに涖《のぞ》めども、これを動かすに礼を以てせざれば、未だ善ならざるなり。

知識や知恵があったとしても、仁がなければ人はいつか離れていきます。

知識や知恵はもちろん、仁をも併せ持っていたとしても、人としての「荘厳さ」、威厳や立派な雰囲気というものを持っていなければ、敬《うやま》われることはありません。

さらに、知識や知恵、仁と威厳さというすべてを持ち合わせていても「礼」がなければ立派とは言えない。

そう孔子は述べています。それくらい「礼が大事なんだ」というわけです。

さて「礼」とはいったい何でしょうか。少し解説しておきましょう。

現代では「礼」という文字を使いますが、もともとは「禮」という字が使われています。「しめすへん」に「豊」。「しめすへん」はもともと神様への捧げものを置く台を表したものなので、神様に豊かなものを差し出しているイメージ。それに対して神があらわし示すという意味です。十分に畏敬の念を持ち、相手に対して傲慢なところがまったくない様を「禮」

と言います。

相手を敬い、尊重し、謙虚な気持ちで向き合うこと。それが「禮」であり、今日的に言う「礼」なのです。

この論語の言葉は、知識や知恵、人を思いやる心、立派な雰囲気をすべて持っていても、相手に対して「礼」を示せるようでなければ十分ではないと教えています。

渋沢の言葉に戻れば、どんなに優れた人物であれ、素晴らしい志があったとしても、その所作に礼を失しているようでは意味がないということです。

これも一つの道理で、日常的に仕事をしたり、人と関わっていれば、誰もが当たり前のように感じていることではないでしょうか。

ものすごく能力があって地位やポジションが高い人でも、態度がぞんざいで、偉そうで、嫌だなと思うことはよくあるでしょう。どれだけ立派なのかは知りませんが、相手を見下したり、人によって態度を変えるなど、まさに礼を失するような人とは関わりたくないものです。

結局、そんな人の周りからはどんどん人が離れていきます。

他に何を持っていようとも、所作や振る舞いに礼がなければダメなんだよ、と孔子は説いているわけです。

第5章

お金や地位だけに固執するな

「得意時代」と「失意時代」

本章のテーマは「富を追い求める」ということについて。本書でもずっと語ってきた「論語と算盤」、すなわち「ビジネスにおける道理の大切さ」にもつながる興味深いテーマです。

ただ、その話に入る前に、渋沢は「得意時代」と「失意時代」というおもしろい視点を紹介しているので、そこから取り上げてみたいと思います。

得意時代とは、調子よく、いろんな物事がいい感じで進んでいる状態のこと。仕事がとても順調に進んでいるとか、思っている以上に売上が上がる、どんどん評価が上がっていくなど、誰にでも経験があるでしょう。

一方、失意時代とはまったく逆の状態です。大きな失敗をしたり、挫折を経験するなど、屈辱的な事態に陥《おちい》ることがあるでしょう。文字通り、失意を感じる状況です。

そんな得意時代と失意時代について渋沢はこう語っています。

> **およそ人の禍《わざわい》は多くは得意時代に萌《きざ》すもので、得意の時は誰しも調子に乗るという傾向があるから、禍害はこの欠陥に喰《く》い入るのである。（中略）考えねばならぬことは、**

大事と小事とについてである。失意時代から小事もなお、よく必《こころ》するものであるが、多くの人の得意時代における思慮は全くそれと反し、「なにこれしきのこと」といったように、小事に対してはことに軽侮的《けいぶてき》の態度をとりがちである。しかしながら、得意時代と失意時代とにかかわらず、常に大事と小事とについての心掛けを緻密《ちみつ》にせぬと、思わざる過失に陥りやすいことを忘れてはならぬ。

たいてい人は得意時代には調子に乗っているもので、大きな禍はこの時期に起こりやすい。まず、そこに警鐘を鳴らしています。

そういうときに重要なのは「大事」と「小事」をきちんと意識すること。

失意時代のときであれば、多くの人は小事でも軽んじることなく、ていねいに対処することができます。人はうまくいっていないとき、些細なことを軽んじたりはしないものです。むしろ、些細なことを大きく捉えすぎる。そちらの方が問題になるほどです。

しかし、得意時代はまったく違います。

今まさに得意時代を過ごしている人は少々のことがあっても「これしきのこと、全然平気！」という感じで問題を軽んじてしまいます。それが結果として大きな禍となる。そう渋沢は指摘しています。

東洋思想のベースとなる考え方に「陰極まれば陽となる、陽極まれば陰となる」という陰陽論の考え方があります。調子に乗っている人はいずれ大きなしっぺ返しを食う。「陽極まれば陰となる」わけです。

言ってみれば、これも道理。

本当の意味で仕事ができる人は、どんなに好調のときでも、決して浮かれたところがなく、小事にも敏感で、慎重かつていねいに向き合っているものです。道理を理解しない人ほど、調子に乗って「そのくらい大丈夫、大丈夫」と言いながら大きな落とし穴にはまっていきます。

これは孔子ではなく老子が言っていることですが「物事とは安きに処さなければいけない」という教えがあります。問題というのは、小さいうちに対処しておかないと、どんどん大きく育ってしまう。そんな意味です。

好調なときほど注意する。特に小事を軽んじない。

人生においても、ビジネスにおいても非常に大事な視点です。

決断するときこそ「道理に適っているのか」を考える

さて、ここからが本題です。大事に向き合ったとき、私たちはどのように考え、決断すればいいのでしょうか。

そのポイントについて渋沢自身はこう答えています。

事柄に対し如何にせば道理に契《かな》うかをまず考え、しかしてその道理に契ったやり方をすれば国家社会の利益となるかを考え、さらにかくすれば自己の為にもなるかと考える。そう考えてみた時、もしそれが自己のためにはならぬが、道理にも契い、国家社会をも利益するということなら、余は断然自己を捨てて、道理のある所に従うつもりである。

決断をするときには、まず「それが道理に適うのか」を考える。

次に「それが国家、社会の利益になるのか」を考える。

最後に「自分のためになるのか」を考える。

もし自分のためにならないとしても、それが道理に適い、国家、社会のためになるなら、自分のことなど捨ててしまう。そう渋沢は断言しています。

私は本書で、道理とは、法律がどうとか、時流がどうということではなく、もっと大きな「宇宙の法《のり》」「天の法則」だと述べました。

つまり「法を犯していないから、これはやっても大丈夫だろう」「最近はこういうことをやっても、とりたてて問題にならないから私たちもやろう」というような判断ではまったくダメだと渋沢は言っているのです。

もっと大きな、人として、社会としての道理に適っているか。それを一番に考える。松下幸之助の「税金の話」も本書で触れましたが、たとえば「こうすれば法の網をすり抜けて税金は少なくて済む」という方法があったとします。しかし「それが道理に適っているのか」「天の法則に適っているのか」。

まずはそういう視点で物事を考えようじゃないか。そう渋沢は言いたいわけです。

言い換えるなら、これは「利他の精神」でもあります。源流をたどっていくと、近江商人の「三方よし」を実践する商売にあります。「三方よし」とは、買い手よし、売り手よし、世間よしの精神を言います。自らの利益だけを求めることなく、多くの人に喜ばれる商いを提供し、少しずつ信用を獲得していった。こうした社会の幸せを願う「三方よし」の精神は、現在のＣＳＲ（企業の社会的責任）につながるものとして、伊藤忠商事を始め、多くの企業の経営理念の根幹となっています。

今、世界はさまざまなところで「利他の大切さ」が盛んに取り沙汰されています。自分のことだけを考え、自分の利益ばかりを追い求めていたら、世界は遠からず行き詰まってしまう。「そんな発想はサステナブルではない」と多くの人が気づき始めているからです。

さらに、私は「五十にして天命を知る」というところで「天とつながる」という表現をしました。「天とつながる」とは、自分の仕事や行為が「天のためになる」、すなわち「国や社会のためになる」という意味でもあります。

こうして考えていくと、あらゆる思想やメッセージがつながっていることに気づきます。それこそが道理というものです。

渋沢は「商売をやるからには欲を持て」とも言っていますが、この欲こそ「大欲」と呼ばれるもの。決して「私欲」ではありません。

自分だけが得をして幸せになるのではなく、みんなが幸せになる「大きな欲を持て」ということなのです。

「コンプライアンス」で本当に社会はよくなるのか？

近年とみに「行き過ぎた資本主義」が問題視されています。実態のないマネーゲームが拡大し、世界中で格差が加速しています。

その原因を一言で表すなら、道理に反しているからです。自己の利益を追い求め、社会全体（現代で言うなら世界）の利益を優先して考えることができなくなっているからです。社会の構造やテクノロジーが大きく変わっている現代、法やルールを変えなければならないのも一方では真実でしょう。

しかし、本当にそれだけでいいのでしょうか。

論語の真髄とも言うべき、こんな言葉があります。

これを道《みち》びくに政《せい》を以てし、これを斉《ととの》うるに刑を以てすれば、民免《まぬが》れて恥ずること無し。これを道びくに徳を以てし、これを斉うるに礼を以てすれば、恥《はじ》ありて且《か》つ格《ただ》し。

政治を行っていくときにルールや法律、刑罰などで導こうとすれば、結局大衆は法の網をかいくぐり、刑罰を免れようとするばかりで恥がなくなる。しかし、道徳や礼によって人を導こうとすれば、人々が恥の精神を持ち続け、自らを律するようになる。そんな教えです。

論語において、重要な要素の一つである「恥」について書かれています。

恥とは、自己規制や自己向上における最たるもの。何ごとも他人に指摘され、注意を受けてから直すのではなく、自分から恥ずかしいから直す。だから、どんどんよくなるのです。その恥は、道徳や礼を自分のなかに持っているからこそ、感じることができます。ルールや法律といった小さなものに縛られるのではなく、もっと大きな道理を持って生きていくことができる。そんな真理を説いています。

反対に、個人や社会に恥がなくなってくると、今度は文言が必要になってきます。ルールや法で縛る必要が出てくるというわけです。

昨今は「コンプライアンス」という言葉をよく耳にします。法令遵守という意味ですが、これこそ文言主義を象徴する一つ。多くの組織や企業が「私たちはルールを守りますよ」と誇らしげに言っています。

しかし、それは本当に誇らしいことでしょうか。

論語の言葉は、そんな厳しい本質を私たちに突きつけます。

人々の心から道徳や礼が失われ、恥がなくなればなくなるほど、つまり厚顔無恥の人間ばかりになってくると文言主義は加速します。その一方で、ますます人々はそんな文言、つまり役人が作った文章ごときに使われてなるものかと、「法の網をかいくぐろう」とするようになる。

今、私たちが向き合うべきは新しいルールやコンプライアンスでしょうか。

それとも人としての「恥」でしょうか。

「富を求めること」を孔子は否定しているのか？

本章で「大事に向き合うときは、まず道理を考え、次に国家や社会のためになるのかを考える」という渋沢の哲学を取り上げました。

その二つが適うなら、仮に自分のためでなかったとしても率先して決断する。そう渋沢は言っています。

しかし、これを「自分の富を追い求めるのはよくないことだ」と安易に言ってしまうのは、ちょっと違うだろう、と訴えることも渋沢は忘れません。

このあたりが「論語と算盤」という組み合わせの妙であり、渋沢の優れたバランス感覚を感じさせる部分です。

論語をあっさりと読んでしまうと「仁義道徳が大切で、富を追い求めるなんていけないよ」と捉えられがちだが、それは「論語読み」のもっとも大きな誤解である、と渋沢は言います。

> **孔子は、「富貴の者に仁義王道の心あるものはないから、仁者《じんしゃ》となろうと心掛けるならば、富貴の念を捨てよ」という意味に説かれたかというに、論語二十篇を隈《くま》なく捜索しても、そんな意味のものは、一つも発見することはできない。**

仁者（仁を持った人）になろうとするなら、富を目指すなんて心は捨てよ。孔子や論語は、そんなふうに解釈されることが多いけれど、論語二十篇を探してみても、そんなことは一つも書いていない。そう渋沢ははっきりと言い切っています。『論語と算盤』では、次のような言葉も引用されています。

「富と貴きとはこれ人の欲する所なり。その道をもってせずしてこれを得れば処《お》らざるなり。貧と賤とはこれ人の悪《にく》む所なり。その道をもってせずして、これを得れば去らざるなり」

富や高い身分というのは誰もが欲しがるものだ。しかし、道理にもとることをして得た富や地位なら、いずれなくなってしまうだろう。

反対に、貧しさや賤しい身分というのは、誰でも嫌がるものだ。しかし、それも道理にもとることをして、結果としてそうなっているのなら、そのまま続いていくだろう。

そんな意味合いの言葉です。

この論語の言葉を取り上げて、渋沢は「富を求めること自体」を否定する要素は微《み》塵《じん》もない。むしろ、道理に即して富や地位を求めることは肯定されるべきものだ、と解釈しています。

たしかに、この言葉に「富貴」を否定する要素はありません。

道理にもとる「富や地位」なら、いずれなくなるよ。それと同時に、今は貧しく、賤《いや》しい地位にいるとしても、道理に沿った生き方をすれば、自ずと変わってくるものだ。そんなふうに読み解くこともできます。

そう考えると、渋沢の主張ももっともです。孔子は「富貴を求めること自体」を否定してはいません。

しかし、論語とはなかなか懐が深いもので、じつはこの言葉には次のような続きがあります。

君子、仁を去りて悪《いず》くにか名を成さん。君子は食を終うるの間も仁に違《たが》うこと無し。造《ぞう》次《じ》にも必らず是《ここ》に於《お》いてし、顛沛《てんぱい》にも必らず是に於いてす。

本当に立派な人というのは、常に「仁」を大切にして生きている。食事をするときも、バタバタと慌ただしいとき（造次）も、つまずき、倒れてしまうようなとき（顛沛）でさえ、それは変わることがない。そう続いています。

立派な人は「仁」というものが（意識してやっているのではなく）その人の性格として入り込んでしまっている。何よりそれが大事なんだ、という話です。

「富を目指すのは是か非か」という論点も、もちろんあります。

しかし、論語が本当に説いているのは、富があるとか、貧しいとか、地位が高いとか、賤しいとか、そういうことよりも「仁を持って、道理に即して生きているか」。そういうことが大事だよ、と言っているのです。

「貧を楽しむこと」が一番大事

本章の最後に、こんな言葉も取り上げておきたいと思います。

子貢《しこう》が曰《い》わく、貧《まず》しくして諂《へつら》うこと無く、富みて驕《おご》ること無きは、何如《いかん》。子の曰《のたま》わく、可《か》なり。未《いま》だ貧しくして道を楽しみ、富みて礼を好む者には若《し》かざるなり。

弟子の子貢は、孔子にこんなことを尋ねます。

「貧しくてもへつらうことなく、お金持ちになっても威張らない。こういう生き方は、いかがでしょうか」

すると、孔子は「それはいいね」と肯定しつつも、「でも、もっといいのは貧しいこと自体を楽しみ、お金持ちになっても礼を好むということだろうね」と応えます。貧を楽しみ、富んでも礼を好む。これが一番だというわけです。

さて「貧を楽しむ」とはいったいどういうことでしょうか。

たとえば、お金がなくても自己を高めることはできます。なけなしのお金でも本の一冊くらいは買えるもので、それで漢詩を愛《め》でることができます。あるいは、自然の美しさを感じ、それを絵にすることもできるでしょう。

それが教養というものです。

つまり、教養は貧富の差など、あっさり乗り越えてしまう。そんなふうに読み解くこともできるわけです。

逆に言えば、貧富の差にいつまでも左右されているのは、教養人のあるべき姿ではありません。

貧しくても、たとえば論語を読み、その世界を十分に楽しむことができているなら、それこそが「貧を楽しむ」であり、それが一番だと孔子は説いているのです。

第6章

本当の「学び」とは何か

本章のテーマは「学び」。

これもまた「単純にして複雑」「複雑にして単純」という奥深いテーマです。

とはいえ論語を題材にしているからには、この言葉から入らないわけにはいきません。論語の最初に出てくる言葉です。

学びて時にこれを習う、亦《ま》た説《よろこ》ばしからずや。

「学びて時にこれを習う」とは、まさに「学習」の出典となる言葉。学習とは「学んで、習うこと」を指します。

ここで登場する「習」という字は「羽が白い」と書くわけですが、意味については二つの説があります。

一つは、まだ羽が色づく前の幼い鳥。生まれたての鳥はすぐに飛び立つことはできません。しかし、鳥は飛ばなければ、自分の身を守ることも、生きていくこともできません。だからこそ、幼い鳥は羽が白いうちから、必死になって、命がけで何度も何度も飛ぶ練習をします。命がけで、何度も繰り返す。すなわち、これが「習う」ということです。

もう一つの説は、巫女《みこ》さんが交霊（霊魂が通じ合うこと）をするときに、神様の器である「神器」を白い鳳の羽で何度も擦《こす》ることに由来します。何度も羽を擦っているうちに、交霊となっていく。そんな巫女さんの所作から「習」という字ができたという説もあります。

いずれにしても「習」という字には「何度も繰り返すことで身につける」という意味が込められています。

一度何かを教わったとか、本で読んだとか、そういうことは本当の意味での学習、学びではありません。

真の学びとは「学びて時にこれを習う」とあるように、必要に応じて何度も何度も真剣に繰り返すこと。そして「それが楽しいのだ」（亦た説ばしからずや）と論語は教えています。

余談ながら、「喜ぶ」というのは一時的な快楽を表す字。一方の「説ぶ」は、思い出せば甦《よみがえ》るよろこびを表します。たとえば自転車の乗り方を何度も練習して、習得したときのあの悦びを意味します。

学びの第一歩は「孝悌」にある

学んだことを何度も繰り返して、習得する。

つまり、これは「ただ学ぶのではなく、実践が大事である」とも読み解けます。

私は本書において「古典を古典として読まない」と述べてきました。単なる知識として学ぶのではなく、今を生きるヒント、実践をイメージして欲しいからです。

このスタンスこそ「学びて時にこれを習う」そのものです。本書で学んだことを、実生活や実社会において何度も実践してみる。それこそが真の学習であり「説び」につながります。

では、私たちはいったい何を学べばいいのでしょうか。

そのヒントを次の論語の言葉からひもといてみましょう。

弟《てい》子《し》、入《い》りては則《すなわ》ち孝、出《い》でては則ち弟《てい》、謹しみて信あり、汎《ひろ》く衆を愛して仁に親しみ、行ないて余力あれば、則ち以て文を学ぶ。

たったこれだけの文章のなかに、大事な要素が驚くほど詰まっているのでゆっくり解説していきます。ちなみに、論語は長い文は説明文ですから、そのまま受け取っていいのですが、「短い文」ほど注意して読み解かなければなりません。

まず「弟子」というのは「若い人」くらいに思ってもらえればいいでしょう。これから学ぶ必要がある人に「こういうことを学んでいくことが大事だよ」と話し始めるわけです。

「入りては則ち孝」とは「家の中では親孝行が大事だ」という意味。論語には「孝」という字が何度も出てきます。

論語のなかには「子《こ》生まれて三年、然る後に父母の懐《ふところ》を免《まぬが》る」という有名な言葉があって、どんな人も生まれてから3年間は「親の懐のなか」でしか生きていけません。親からしてみれば、これはたいへんな負担です。

そんな親に対して、子が感じる思いが「恩義」です。

親が亡くなると3年間喪に服すでしょう。これは生まれたときの「3年間の恩義」を返しているという説もあります。

人としてまず何を学ぶかと言えば「孝行」という思い。そう論語は教えているのです。

続く文章は「出でては則ち弟」。「弟」というのも論語によく出てくる文字です。

「弟」とは、本来的には兄や姉を敬う気持ちを表します。そこから派生して、目上の人を尊敬する気持ちを示しています。

兄や姉というのは、言わば防風林のような存在です。親から厳しいしつけを受けたり、隣近所とのつき合いなど、さまざまな場面で守ってくれる存在。そんな兄や姉を敬う気持ちが「弟」です。

社会に出て、会社に入れば、社長もいれば、上司や先輩もいます。自分一人で仕事ができるようになるはずはなく、そうした人々がいるからこそ自分は存在できるわけです。

だから、外に出たのなら「目上の人を敬うこと」を覚えなさい。そう説いているのです。

ちなみに、論語ではこの二つをセットにして「孝悌」と表現されることもよくあります。

「仁義礼智」を尽くし、相手から返ってくるのが「信」

その先の文言は「謹《つつ》しみて信あり、汎《ひろ》く衆を愛して仁に親しみ」となっています。ここに大切な教えがとんでもなく凝縮されています。

まず言葉だけを拾えば「慎んで、信のある人になりなさい。そして、誰でも広く愛し、人に対する思いやりを持てる人になりなさい」と語っています。

さて「信」とは何でしょうか。

ここをしっかりと理解しておく必要があります。

信とは、文字通り「人から信頼される」という意味合いの言葉。すなわち「自分がどうこう」というものでなく、相手から受けるものです。

といって、自分が何もしないままで、相手から信を得られるはずはありません。そこで何をするのかと言えば「仁・義・礼・智」です。

仁義礼智をすべて合わせて「四徳」とも呼びますが、この仁義礼智を相手に示すことによって、初めて相手から信を得る。信とはそういう位置づけのものです。

では、仁義礼智を順番に見ていきましょう。

仁とは、本書で何度も述べているように「人と人とのつながり」のなかにある、相手を思いやる気持ち。近くにいる人には直接思いやりを示すことになるでしょうし、遠くにいる人には「願い」や「祈り」を送る。それが仁というものです。

義とは、端的に言うなら「筋が通っていること」。私利私欲に囚われることなく、人として正しい行いをする。道義、正義に反することを「不義」と言うでしょう。そういった「人としての正しさ」「筋が通っている様」を義と言います。

礼については、「禮」という字とともに第4章でも解説しました。相手を敬い、尊重し、謙虚な気持ちで向き合い、振る舞うこと。傲慢なところが一切感じられない様。それが礼です。

智とは、知識や知恵を指します。さまざまなことをしっかり学んで、物事の本質を理解し、判断できること。それが智です。

そんな仁義礼智を相手に示すことで、相手から返ってくるのが信。

ちなみに「仁義礼智」に「信」を加えて「五常」と言います。

「学びの本質」は日々の生活のなかにある

あらためて振り返ってみると、ここで取り上げた論語の言葉は「まず孝悌を学びなさい。そして、仁義礼智を尽くすことで、信を得るということを知りなさい」。結局、それが「学ぶ」ということだと説いています。

さらりとした表現のなかに、これほど深いメッセージが込められています。

そして、最後にまるで付け足しのように「余力あれば、則ち以て文を学ぶ」と言っています。先に述べたようなことをしっかり学んで、それでも時間が余るようなら、本でも読んで教養を身につけよ。そう言っているわけです。

孔子も、なかなかおもしろいことを言います。

もちろん、これは本を読んで勉強することを軽んじているわけではありません。

しかし、学びの本質とは、机に向かって本を読むことでも、立派な学校へ行くことでもありません。むしろ、日々の生活のなかにこそ学びの本質はある。その真理を説いているのです。これもまた「実践こそが大事である」というところに通底するのではないでしょうか。

事実、論語には「孝悌や仁義礼智信を備えているなら、立派な学校を出たかどうかなど関係ない」という意味の言葉もあります。

逆に言えば、いくら優秀な学校を出ても、どんなに多くの本を読んでも、それだけでは「学び」とは言えないということです。

日常にある「学びの機会」が見過ごされている……

さて、稀代の実践家である渋沢栄一も同じようなことを言っています。

> 人の世に成功するの要素として、智の必要なること。すなわち学問の必要なることはもちろんであるが、それのみをもって、ただちに成功し得るものと思うは大《だい》なる誤解である。（中略）

不断の勉強を望むと同時に、事物に対する平生《へいぜい》の注意を怠らぬように心掛くることを説きたいと思うのである。

渋沢自身『論語と算盤』のなかで「学問の大切さ」はもちろん認めています。しかし、それだけで成功すると思ったら、それは大きな誤解だと、はっきりと述べています。たゆまぬ勉強はもちろん大事。しかし、それと同時に「日々の暮らし」のなかで注意を怠らぬように、と語っています。

もう少し掘り下げるなら「自分の人生に起こるさまざまな事象を教訓とせよ」と言いたいわけです。

日々生活をしていれば、本当にいろんなことが起こります。その時々に「どうして、こういうことが起こるのだろう？」「なぜ、こういう目に遭うのだろう？」「どうすれば、別の結果になるだろう？」ということを注意深く考えること。その大切さを説いています。

近年は「学び」というと、学校の勉強のようなものを指し、日々の生活から得られる教訓は見過ごされているようなところがあります。渋沢の言葉を借りれば、そこから学び取ることを怠っているのです。

たとえば、企業で不祥事が起こるとします。

誤解を恐れずに言えば、それは絶好の学びの機会でもあります。「どうして、こういうことが起こるのだろう？」「どうしたら、起こらないようにできるだろう？」と注意深く考え、それを教訓とし、また同じようなことが起こらないように、その経験を生かしていく。もちろん、すぐにはうまくいかないでしょう。だから、命がけで、何度も何度も繰り返すのです。

それが本来の学びというものであり、まさに「学びて時にこれを習う」です。

しかし、たいていの場合は「不祥事はなかった」と発表してみたり、「不祥事がありました。申し訳ありませんでした」と謝罪するだけに終始してしまいます。それでは、せっかくの学びの機会を無駄にしているようなものです。

あらゆる場所で起こる人間関係でも、すべて同じです。

学びとは日常にあり、生活のなかから注意深く教訓を得ることを怠らない。

それが大前提だと渋沢は言っているのです。

「夢中で楽しむこと」ほどパワフルなものはない！

本章の「学び」というテーマの最後に、もう一つ大事な視点をつけ加えておきたいと思います。

葉公《しょうこう》、孔子を子路《しろ》に問う。子路対《こた》えず。子の曰《のたま》わく、女《なんじ》奚《な》んぞ曰《い》わざる、其の人と為《な》りや、憤《いきどお》りを発して食を忘れ、楽しみて以て憂いを忘れ、老《お》いの将《まさ》に至らんとするを知らざるのみと。

葉公というある地方の長官が、孔子の弟子である子路に向かって「あなたの先生（孔子）はどういう人ですか？」と尋ねます。

ところが、それについて子路が何も答えなかったのを知った孔子は、「どうして何も言わなかったんだ。こんなふうに言えばよかったじゃないか」と言うわけです。

「夢中になって、もっともっとという気持ちで学問をやっていて、食べることも忘れ、楽しんでいるあまりに心配事も忘れ、やがて老いが訪れることも気づかずにいる」そんな人だと言えばよかったじゃないか、と孔子は言うわけです。

学ぶとはどういうことかをあらためて感じさせてくれる言葉ではないでしょうか。学ぶとは「夢中になって、発奮することが大事だよ」、そして「他のことを忘れてしまうくらい、楽しんでやることが大切なんだ」と孔子は言いたいのでしょう。さらにもう一つ、こんな言葉はどうでしょうか。

これを知る者はこれを好む者に如《し》かず。これを好む者はこれを楽しむ者に如かず。

「知っている人」というのは「好んでやっている人」には及ばない。「好んでやっている人」も「楽しんでいる人」には及ばない。そんな言葉です。

「学び」に限った話ではなく、仕事であれ、研究であれ、人生であれ、すべてに通じるものです。孔子のように「楽しんでやっている人」は年齢のことなんて忘れ、夢中でのめり込んでしまうものです。

「これを勉強しなきゃ！」なんて思っている人は「楽しくてしょうがない人」に到底勝てるわけがないのです。

だからこそ、楽しんで学ぶ。楽しんで生きる。そんな真髄を教えてくれます。

日々の生活のなかでは、さまざまなことが起こるでしょう。いいこともあれば、悪いことも当然あります。しかし、それらはすべて自分が学びを得るチャンスです。

そうした意識づけはもちろん大切です。

でも、もう一つ覚えておいて欲しいのは、もしそうやって日々のできごとから学び、自らをアップデートさせていくこと自体を楽しむことができたとしたら、それは最強だということです。

渋沢栄一には「感動癖」や「感激癖」があると第１章でも述べました。彼は見聞きするものすべてを、誰よりも楽しんでいたのだと思います。パリ万博へ行けば、その行き帰りも含めて、さまざまな世界に触れることができた。これは渋沢にとってこの上なく楽しいものだったでしょう。

藍玉作りをしているときも、多くの企業を立ち上げたり、経営のサポートをしているときも、晩年、民間外交に精力を注いでいるときも、その思いは同じだったはずです。

どんなときも、楽しく、夢中になっていたからこそ、自分の立場や年齢のことはあっさりと忘れ去り、その長い生涯、絶やすことなく情熱を燃やし続けられたのです。

第7章
「継続する組織」と「衰退する組織」

自分たちさえよければいいのか？

本章では「継続する組織」と「衰退する組織」というテーマで考えてみたいと思います。

これまで本書では何度となく「論語と算盤」（道理とビジネス）という両輪の大切さを述べてきました。

たとえば、ある経営者が「自社の利益ばかりを優先するビジネス」を展開していたとします。それは道理に反するので、社会のなかではいずれうまくいかなくなるだろう。これがここまで語ってきた論旨です。

しかし、それだけでなく、そんな経営者のもとでは組織は内部からも崩壊してしまうのではないか。そんなことも併せて渋沢は語っています。

あらためて言うまでもなく、企業が利益を求めることを渋沢はまったく否定していません。

むしろ、そうでなければ意味がないとさえ言っています。

ただ、しかしながら……文章が続くのです。

去りながら、その利殖を図るものも、もし悉《ことごと》くおのれさえ利すれば、他はどうでも宜《よ》

かろうということをもって、利殖を図って行ったならば、その事物は如何に相なるか、むずかしいことをいうようであるけれども、もし果たして前陳の如き有様であったならば、かの孟子の言う「なんぞ必ずしも利を曰《い》わん、また仁義あるのみ」云々、「上下交《こもご》も利《り》を征《と》りて饜《あ》かず、国危うし」云々、「苟《いやしく》も義を後にして利を先にすることをせば、奪わずんば饜《あ》かず」となるのである。

組織が利益を求めるのはもちろんいいことだ。しかし、ことごとく「自分たちさえよければいい」「他はどうなってもいい」というやり方を進めていたら、孟子の言っているような状況になってしまう、と渋沢は警告します。

ここで引用されている「孟子の言っているような状況」とは、どういうことでしょうか。そこをひもといてみましょう。

これは『論語』ではなく『孟子』という書のなかで、孟子と恵王（梁《りょう》という国の王）のやりとりを綴った部分です。

遠方からはるばるやってきた孟子に対して、恵王は「よく来てくださいました。先生は、我が国にとってどんな利益をもたらすことのために来られたのでしょうか」と尋ねます。

すると孟子は「どうして、そんなに何をおいても利益を重視する必要があるのでしょうか。必要なのは仁義だけですよ」と答えます。渋沢が引用している「なんぞ必ずしも利を曰わん、また仁義あるのみ」とはこの部分です。

さらに、孟子は続けます。

「王が『利益、利益』と言っていれば、当然すぐ下の大臣クラスの人も『利益、利益』という発想になって、自分の領地に利益をもたらすことだけを考えるようになります。

すると、その下の役人たちや一般庶民たちも同じように考え、身分が上の者も下の者も、みんなで利益を奪い合うようになる。結果として国は危うくなるでしょう」

渋沢の引用にある「上下交も利を征りて饜かず、国危うし」はまさにこの部分です。

このやりとりにはまだ続きがあります。

「たとえば、兵車（戦闘に用いる車）を1万台出せる大国があったとすれば、その王を殺すのは、すぐ下の位にいる兵車を千台ほど出せる家臣です。

はたまた、兵車を千台ほど出せる国の王ならば、これまた同じくすぐ下の百台ほど兵車を出せる家臣に殺されることになるでしょう」

孟子は何を言いたいかと言うと、国が乱れ、組織が壊れるときというのは、このように

「すぐ下の者」の強欲に遭《あ》い、失脚させられてしまうものだ。そう告げているのです。

企業の組織体系を考えてみれば非常にわかりやすいでしょう。社長に反旗《はんき》を翻《ひるがえ》すのは、すぐ下の役員たちですし、部長の問題を告発し、その地位を脅かすのは課長だということです。

さらに孟子は続けます。

「もし、国王自身が義を後回しにして、利益ばかりを優先するならば、誰もが（他人の利益を）奪わなければ満足しなくなります」

渋沢が最後に引用している「苟も義を後にして利を先にすることをせば、奪わずんば饜かず」とはこの部分です。

そして、孟子は最後にこんな言葉で締めくくります。

未だ仁にして其の親を遺《す》つる者はあらざるなり。未だ義にして其の君を後《あなど》（忽）る者はあらざるなり。王亦《ただ》仁義を曰《い》わんのみ。何ぞ必ずしも利と曰はん。

これまでに仁を持った人が親を見捨てたことはありません。義を持った人が君主を軽んじたり、後回しにしたことはありません。だから、あなたはただ仁義を主張すればいいのです。

利益、利益なんて言う必要はありません。

これは孟子が２５００年前に言ったことですが、今でもまったく色褪《いろあ》せることはありません。

組織とはおもしろいもので、トップがどういう考えを持ち、どんな行動をするかによって大きく変わっていきます。会社全体はもちろん、小さな組織においても、リーダーやマネジャーのあり方、考え方、所作によってチームの雰囲気や意識はガラリと変わります。

会社ですから利益を求めるのは当然です。それぞれの部署にも、達成すべき目標や数字があるでしょう。

しかし、そのときに利益や数字ばかりを求めていて、本当にいい組織ができるでしょうか。組織を束ねるあらゆるリーダーが考えなければならないポイントを、孟子は突いているわけです。

リーダーに求められる「弘毅」とは？

リーダーの話が出たところで、論語ではリーダーについてどんなことを説いているか、そのあたりをひもといてみましょう。

曾子の曰《い》わく、士は以て弘《こう》毅《き》ならざるべからず。任《にん》重くして道遠し。仁以て己《おの》れが任と為《な》す、亦《ま》た重からずや。死して後《のち》已《や》む、亦た遠からずや。

まず、ここで発言している曾子というのは孔子の一番弟子。ほとんど孔子の言葉と捉えて問題ないでしょう。

曾子が「リーダーは弘毅でなければいけない」と言っています。

では「弘毅」とはどういうことでしょうか。「弘毅」の「弘」という字は、心が広く、包容力があり、寛容であることを示しています。一方の「毅」は、毅然とした態度や考えを持っていること。自分の考えや目標を容易には変えない強さを表しています。

広く、受け入れる寛容さ。

しっかりと自分の考えを持っていること。

単純に捉えると、この二つは矛盾しているように感じるかもしれませんが、決してそんなことはありません。

自分の考えや意見、主義主張をしっかり持っているからこそ、相手を認め、相手の意見をじっくりと聞くことができます。

実際、自分たちの周りにいる優れたリーダーを思い出してみてください。

優れたリーダーほど、人の意見にじっくり耳を傾けるもの。といって、そのリーダーが自分の意見や考えを持っていないかと言えば、決してそんなことはありません。むしろ、しっかりとした意見や考えを持っているはずです。言い換えれば「軸を持っている」ということです。

軸を持っているからこそ、落ち着いて、ゆったりと相手の話を聞ける。相手の話を聞きながら、自分の考えに足りないところがあれば、「たしかに、それは大事なことだ」「そこは私も学ばせてもらうよ」と謙虚な姿勢を示せるのです。

この姿勢こそが弘毅であり、本当の意味での寛容というものです。

余談ながら、上っ面の意見しか持ち合わせていない人ほど、自分の意見に固執し、凝《こ》り固まっているものです。軸がないので、どっしりと構えることができず、ちょっと反論されようものなら、必死になって相手を攻撃し、自分を守ろうとします。

そんなリーダーではいけないよ。リーダーは弘毅でなければならない、と曾子は語っています。

その先は「とにかくリーダーという任務は重く、道は遠い」と続けています。なにしろ「仁こそが自分の任務だ」と言っているので、そうそう簡単に辿り着ける境地ではありません。だからこそ「死ぬまで終わることのない道だ」と語っています。

思い返してみれば、吉田松陰も、西郷南洲もよく「死して後已む」と言っています。「死んでやっと終わる」、すなわち「死ぬまで終わらない」という意味です。

これは単なるリーダー論を超え、「その道を生きる覚悟」の話でもあります。

たとえば、何かのリーダーに任命されたから、その期間「一生懸命がんばろう」という一時的な責任や役割の話ではなく「その道は一生続くんだ」という覚悟を示す言葉です。

曾子の教えにある「道遠し」「死して後已む」「亦た遠からずや」はすべて、終わりのない道を示しています。

真のリーダーとは、そういう思いを持った存在だと言いたいのです。

本当に大事なのは上司が部下に「礼」を示すこと

組織論、リーダー論について、もう一つ論語の言葉を取り上げましょう。

魯の国の君主が、孔子に対してこんなことを質問します。

「君主が臣下を使い、臣下が君主に仕えるときには、どのようにしたらいいでしょうか」それに対する孔子の答えがこの言葉です。

君、臣を使うに礼を以てし、臣、君に事《つか》うるに忠を以てす。

君主は臣下に対して「礼」を持って向き合わなければならない。臣下は君主に対して「忠」を持たなければいけない。

ここで新たに登場した「忠」とは「真ん中の心」を示すもので「真心」とも言えますし、「嘘のない心」と表現することもできるものです。

そして、ここでも「礼」が出てきました。

一般的な企業や組織において、礼を重んじているのはむしろ部下の方ではないでしょうか。どんな組織でも、たいていは「上司に無礼がないように」「社長に非礼な態度を取らないように」と気をつけているでしょう。

しかし孔子に言わせれば、それは反対の話。

本当に必要なのは、上の立場の人間が、下の立場の人に「礼」を持って接すること。

繰り返しになりますが、「礼」とは、相手の立場を敬い、尊重し、傲慢なところがまったくないことです。

上の者が、下の者にそれを示す。それがいい組織を作るポイントだというわけです。

「耳が痛い」と感じている人も多いかもしれません。

部下に対して、偉そうな態度を取ったり、話を適当にしか聞いていない、相手の事情を考慮せずに仕事を振るといったことは、非礼にもほどがあります。

そんなリーダーが大きな顔をしている組織は、やはり道理にもとります。遠からず、衰退してしまうでしょう。

一方で、立場が下の人にとって大事なのは「忠」です。忠誠心と言ってしまうとやや大げさに聞こえるかもしれませんが、現実的なところで言えば「嘘がない」ということです。たとえば、自分がミスを犯したとき、評価が下がるのを恐れて隠そうとする。あるいは、上司の心証をよくしようと思って、心にもないお世辞を言う。

これらはすべて忠にもとります。

現代のビジネス環境を思い起こしてみてください。第１章でも述べたように時代は今、大転換期を迎えています。「転換」「成長」「安定」というサイクルのなかで、今はまさに「転換期」。

転換期とは、日々状況が変わることを意味します。「昨日まで通用していたやり方」が突然通用しなくなってもなんら不思議ではありません。つまり、上司の経験則や成功体験の価値が、相対的に下がっているのが転換期です。

そんなとき、組織としてもっとも大事なことは何でしょうか。

それは、あらゆる情報がオープンになっており、どんな立場の人も忌《き》憚《たん》なく、嘘なく、意見が言える環境です。

現代では「心理的安全性」もよく聞くキーワードですが、そういう環境がある組織は、部下が嘘をつく必要がありません。正直に、のびのびと、モチベーション高く仕事をすることができます。その結果として、目まぐるしく変わるビジネス環境にあっても、迅速かつ柔軟に対応することを可能にするのです。

その前提になるのが、まさに「忠」であり、部下やチームのメンバーから「忠」を引き出すのは、リーダーの「礼」にある。

そんな組織の真髄を孔子は説いているのです。

本気で論語を読み解けば、組織論の道理まできっちりと教えてくれるわけです。渋沢栄一が「論語を読めば、ビジネスがうまくいくようになる」と言いたくなるのもうなずけます。

衰退する組織に染みついた「他責」という病

「継続する組織」と「衰退する組織」という本章のテーマにおいて、もう一つ重要なポイントがあります。

それが「自責」と「他責」。「無責任」と言い換えてもいいでしょう。

かつて私は「管財人の助手」の仕事をしていたことがあります。どんなことをしていたかと言うと、倒産した会社に出向いて、債務者と債権者のさまざまな調整を行う管財人のサポートをする。そんな仕事です。

30代の頃、私にはまったく仕事がなく、知り合いの弁護士に「何か仕事はありませんか」と泣きついたところ、紹介してもらったのが「管財人の助手」でした。

しかし、この仕事のおかげで「経営とは何か」「組織とは何か」について、ほかでは得難《えがた》い、貴重な勉強をさせていただきました。

何しろ扱っているのは倒産です。経営を知るためには倒産を知るのが一番。うまくいっている会社から学ぶことももちろんありますが、倒産する会社から学べることは、それを遥かに上回ります。

数多くの倒産する会社を見ていると、そこには一つの共通点があります。

それが「他責」であり「無責任」だったのです。

倒産した理由や状況を細かく確認するのが私の仕事ですから、まずは社長のところへ話を聞きに行きます。

財務諸表なんかを見ながら聞くわけですが、当然、売上は上がっていません。「なぜ、売上が上がっていないんですか？」と聞いてみると、たいてい社長は「商品企画部門がちゃんとした商品を作っていないからだ」などと答えます。

そこで今度は、商品企画部門の担当者に話を聞きに行くと、「商品企画の責任なんてとんでもない！　そもそも商品を企画するには、きちんとリサーチして、マーケットの裏付けを取らなければいけないんです。でも、経理部長がリサーチ会社を使う経費をカットしたんですから、まともな商品開発なんてできるわけがありませんよ」と言います。

それで経理部長のところへ行くと、「何言ってるんですか。このデータを見てくださいよ」と財務データを見せられて「こんなに売上が上がってないのは、そもそも営業部に力がないからですよ。どんな商品作ったって、売る力がないんだから、開発の予算になんて、金をかけられるはずはないでしょ」と言います。

ここまで来たら、ほとんどオチは見えたようなもので、例によって営業部へ行ってみたら「まともな商品がないのに、営業なんて無理ですよ。文句があるなら、商品企画部門へ言ってください」というわけです。

優れたリーダーは常に自分に矛先を向ける

誰も「自分に責任がある」とは微《み》塵《じん》も思っておらず、完全なる無責任と他責思考が組織に染みついているのです。

すでにお気づきの通り、この会社の問題は商品企画でも、経理でも、営業でもありません。無責任や他責こそが組織をダメにしているのです。その大本が社長にあることは言うまでもありません。

状況に多少の違いはあるものの、経営が傾いている組織にはそんな傾向がよく見られます。

さて、論語にはこんな言葉があります。

君子は諸《こ》れを己れに求む。小人《しょうじん》は諸れを人に求む。

立派な人は反省を自分に求め、そうでない人は他人に求める。

これもまた「ものの道理」というもので、何か問題が起こったとき、他人とか、外部要因とか、周囲の環境など、自分の外側に責任や要因を求める人に本当の意味で「仕事ができる人」はいません。

仕事ができる人、優れたリーダーは常に問題を自分に向けます。

普通に考えれば、自分に責任はないようなケースや状況でも「なぜ、それを予見できなかったのか？」「その準備をなぜ自分は怠《おこた》ってしまったのか？」「なぜ、チームのメンバーにそんな行動を取らせてしまったのか？」と自らに矛先《ほこさき》を向けます。

もちろん、人格的に立派だという面もあるでしょう。しかし、むしろ優れたリーダーというのは「問題を他人のせいにしても解決することはない」という道理を知っているのです。だからこそ、自分に矛先を向ける。

話は少し横道に逸れますが、禅の言葉に次のようなものがあります。

即今《そっこん》、当処《とうしょ》、自己《じこ》

禅の言葉は論語と比べても、さらにシンプルで短いものです。それだけに注意して読み解く必要があるのですが、つまりこれは「今、ここ、自分」と言っています。

仕事も、人生も、結局は「今、ここ、自分」でしか、どうすることもできない。そんな真理を突いています。

仏教の教えですから、時間というのは「今」しかありません。生きるというのは「今を過ごしていること」にほかならないからです。

だから「いつやるのか」と言えば、当然「今」しかありませんし、そうなると必然的に

「ここでやる」しかありません。

そして「誰がやるのか」と言えば、もう自分しかいません。

非常にシンプルな教えですが、本章のテーマにもつながってくる教えです。

どんな組織が衰退するのかと言えば、その理由の一つは間違いなく「今、ここ、自分」ができていない組織。「いつか、どこかで、誰かがやってくれる」では、組織が傾いていくのも必然です。

逆境のほとんどは「自分が作り出したもの」

「自責と他責」について、渋沢栄一は「逆境にどう向き合うのか」というところから興味深い論を展開しています。

それが人為的逆境であるか、ただしは自然的逆境であるかを区別し、しかる後《のち》これに応ずるの策を立てねばならぬ。

一言で逆境と言っても「人為的逆境」と「自然的逆境」がある。そこを最初に見極めて、どのように対処していくことが大事なのかを考える、というわけです。

この先で渋沢は「自然的逆境であるならば、それは仕方がない。人間の力でどうにもならないのであれば、甘んじて受け入れるしかない」と語っています。むしろその方が「心穏やかに、落ち着いていられる」というのが渋沢のスタンスです。これは一つの道理と言えるかもしれません。

ここで着目したいのは、その次の話です。

それに反して、人為的の逆境に陥った場合は如何にすべきかというに、これは多く自働的なれば、何でも自分に省《かえり》みて悪い点を改めるより外はない。世の中のことは多く自働的のもので、自分からこうしたい、ああしたいと奮励さえすれば、大概はその意のごとくになるものである。

ここで渋沢がはっきりと言っているのは、人為的逆境のほとんどは「自分が引き起こしたことだ」ということです。だから、自身を省みて、悪いところは改めるしかない。世の中のたいていのことは、自分から「ああしたい、こうしたい」と奮起すれば、けっこう好転していく、と説いています。

ちなみに、渋沢はこの先の文章で、「それなのに自分ではなんとかしようとせず、ただ『状況がよくなればいい』と思っている人がたくさんいる。そんなことではうまくいくわけがないではないか」とも綴っています。

ものの道理とは、底ではつながっているもので、やはり「今、ここ、自分」ということです。これは個人の人生でも、組織論でも同じではないでしょうか。

もし、あなたが組織の問題を感じているとしたら、やるべきことは明白です。あなたが変わり、今、あなたが行動することです。あなたの外に問題があるわけでも、解決法があるわけでもありません。

孔子も、禅も、また渋沢も、その本質は同じことを説いています。

多様性の時代にこそ「和の精神」は求められる

組織をテーマとした本章の最後に「和」について一つだけ言葉をつけ加えておきます。

君子は和して同《どう》ぜず、小人は同じて和せず。

立派な人は、人と調和するが、ただ同調したりはしない。そうでない人は同調するだけで、調和はしない。

調和はするが、同調はしない――。

まさに「付和雷同《ふわらいどう》」の逆を表した言葉です。「付和雷同」とは、自分にしっかりとした考えがなく、ただ周囲に同調しているだけ、という意味です。

それでは、「和」とは、いったいどういうものでしょうか。

もっともわかりやすいのは和食です。和食には「辛い」「塩辛い」「酸《す》っぱい」「苦い」「甘い」という「五味」があります。そうしたさまざまな味が見事に調和して、おいしい料理となる。それが「和」です。

ここで間違ってはいけないのは、決して「同じ味になる」というわけではないという点です。五つの異なる味があって、それが調和すると「和」となる。まったく新しい味、複雑微妙な味になるのです。それを論語は教えているのです。

日本には儒教、仏教、老荘思想、道教、禅、神道と、六つもの教え、哲学、思想が溜まり、発酵して、よい風味と香りになって、8世紀あまりにわたって蓄積されています。そんな国は世界を探してもなかなかありません。

それこそが「和」であり、その調和を前提とした精神や文化、伝統が日本にはあります。

現代は多様性の世の中です。

しかし、多様性とは、バラバラの価値観がバラバラに存在していればいいというものではありませんか。そこには「和」が必要です。多様性と和とは、一見すると相反するように感じますが、むしろ多様性の世の中にこそ「和」の精神が必要です。

ただ違いが存在するのではなく、違いを尊重しながら調和する。その崇高な精神こそ「和」というものだからです。

同じように、組織にも「和」が必要です。

みんなが同じ色に染まるのでもなく、バラバラに存在するのでもなく、組織として調和していること。

それも一つの「継続する組織」の条件だと私は考えます。

第8章

「真の人物」を見極めよ

本章のテーマはずばり「人物」。「真の人物」とはどういう人のことを言うのか。それはどのように見極めるのか。そうしたことについてひもといていきます。

『論語と算盤』には、まさに本章のテーマにぴったりの「人物の観察法」という項目があります。そこで引用されている論語が次の言葉です。

その以《もち》いるところを視《み》、その由《よ》るところを観《み》、その安んずるところを察すれば、人いずくんぞ廋《かく》さんや

人を見るときには、まず「その人が何をするか」を視る。
次に「その人がどんな動機でその行動をしているか」を観る。
最後に「その人が、どんなところに満足するのか」を察する。

この三つ「視・観・察」を用いれば、人の本性は隠すことができない。そんな意味合いの言葉です。実際の渋沢の言葉を追ってみましょう。

視も観もともに「ミル」と読むが、視は単に外形を肉眼によって見るだけのことで、

観は外形よりもさらに立ち入ってその奥に進み、肉眼のみならず、心眼を開いて見ることである。すなわち孔夫子の論語に説かれた人物観察法は、まず第一にその人の外部に顕われた行為の善悪正邪を相し、それよりその人の行為は何を動機にしているものなるやを篤《とく》と観、さらに一歩を進めて、その人の安心はいずれにあるや、その人は何に満足して暮らしてるや等を知ることにすれば、必ずその人の真人物が明瞭《めいりょう》になるもので、如何にその人が隠そうとしても、隠し得られるものでないというにある。

論語の言葉にあるように、まずは「その人の行為」という目に見えるものを視ます。

しかし、どんなに行為や行動が素晴らしくても「なぜ、それをやっているのか」という動機の部分を観なければ、その人の本当の姿は見えてきません。

言われてみれば、世の中には不純な動機で行動している人もたくさんいます。「目に視えるところ」だけで判断するのではなく、その人の「心の奥に何があるのか」まで観る。その大切さを説いています。

さらにおもしろいのは三つ目です。

行為や行動、その動機がすべて素晴らしい人であっても「どんなところに満足感を覚えているのか」を確認してみなければ、その人の評価は下せないというわけです。

何か大きなプロジェクトを達成したときに「これで大金が入ってきたぞ！」と大喜びしているのか。あるいは、みんなが後片づけをしているときに大酒を飲んで、おいしい食事をしていることに満足しているのか。はたまた「○○さんはすごいですね」とみんなに評価され、もてはやされることに至上の喜びを感じているのか。

たしかに、孔子や渋沢が言うように「その人がどこに満足しているのか」を注意深く観察してみると「その人となり」がよりくっきりと浮かび上がってくることはよくあります。

非常に有用な「三つの視点」ではないでしょうか。

そして忘れてはいけないのは、同じように自分も「視・観・察」の3点で見られているという点です。

人間として自分を高めようと思うなら、まず普段からどんな行動、行為、所作をしているのか。そういった「目に視える」ところに注意をする。

そして、その行動がどんな動機に突き動かされているのか。自分の心のなかをあらためて見つめ直してみる。

さらに、自分が「どんなところに満足するのか」を内省してみて、そこに人として正しさや美しさが感じられるのかを考えてみてください。もっと言えば「それは道理に適っているのか」ということです。

世間の評判のいい人が「真の人物」とは限らない

「その人の満足ポイントに着目せよ」とは非常に興味深い教えです。

事実、周囲を見渡してみると、自分の評価ばかりを気にして、価値や評価が下がることを極端に恐れている人も少なくありません。

SNS全盛の時代ですから「いいね」の数やフォロワー数に一喜一憂したり、エゴサーチをして自分の評価が気になって仕方がない。そんな人が増えているのかもしれません。

しかし、孔子はこんなことも言っています。子張《しちょう》という人が孔子に質問をしている場面です。

子張問う、士何如《いか》なれば斯《こ》れこれを達《たつ》と謂《い》うべき。子の曰《のたま》わく、何ぞや、爾《なんじ》の所謂《いわゆる》達とは。子張対《こた》えて曰《い》わく、邦《くに》に在りても必らず聞こえ、家に在りても必らず聞こゆ。子

の曰《のたま》わく、是れ聞《ぶん》なり、達に非ざるなり。夫《そ》れ達なる者は、質直《しっちょく》にして義を好み、言を察して色を観《み》、慮《はか》って以て人に下《くだ》る。邦に在りても必らず達し、家に在りても必らず達す。夫れ聞なる者は、色に仁を取りて行ないは違《たが》い、これに居りて疑わず。邦に在りても必らず聞こえ、家に在りても必らず聞こゆ。

ここに「士」と「達」という言葉が出てきます。

「士」というのは「立派な人」を意味する文字です。しかし、そのさらに上の「達人」「名人」もっと言えば「真の人物」と呼べるようなレベルの人を「達」と言います。

まず、子張が「士というのも立派なものですが、どういう人のことを達と言うのでしょうか？」と孔子に尋ねます。

すると、孔子は「お前はどう思う？」と聞き返し、子張は「国（世間）でも評判がよく、名声を博していて、自分の地元、ふるさとにおいても同じように評判がいい人ではないでしょうか」と答えます。

そんな子張の意見に対して「それは達ではなくて聞だよ」と孔子は言います。つまり「それは単に評判がいいだけであって、そういうのは達とは言わない」と正すわけです。

では、「達」とは何か。

孔子がまず言ったのが「質直にして義を好み」という部分。飾らない自分、ありのままの自分でいて、決して自分を大きく見せようとはしない。そして、きちんと筋を通せる人だと、言います。

さらに「言を察して色を観、慮って以て人に下る」。人の言うことをきちんと聞いて、深くそれを察することができる人。他人を慮ることができ、偉そうにするのではなく、常にへりくだっている人。そういう人が「達」なのだと孔子は説きます。

ただ評判がいいだけの人については「色に仁を取りて行ないは違い、これに居りて疑わず」と孔子は言います。

口先だけで立派なことを言っているけれど、実際の行動がともなっていない。それなのに、評判はいいものだから、自分の「あり方」というものを疑うことがない。そう断じているのです。

まさに現代でも通じる話ではないでしょうか。

ちょっと人気があるとか、業界で評判がいいとか、有名だとか、そういうところに人は簡単になびいてしまいますが、「真の人物」とはそういうものではない。そう孔子は教えています。

「仕事」に価値があるのではなく「やり方」に価値がある

一方の渋沢は『論語と算盤』のなかで「本当の実力とはどういうものか」という話をしています。

とかく若い人は「大きな仕事がしたい」「自分にしかできない仕事をしたい」と思うもので、そのためには、自分の才能や資質を見抜いて、チャンスをくれる先輩や導いてくれる上司の存在が大切になってくる。

そんな話を渋沢はしているのですが、むしろ大事なのはこの後で、しかしそれはあくまでも「普通以下の人の話である」と言い放ちます。

逆に言えば、「認めてくれる先輩がいないから、自分の力が存分に発揮できない」なんて言っている人は「普通以下だよ」と渋沢は言うわけです。

本当に実力がある人なら、どんな環境に置かれていても、世間が放ってはおかない。必ず誰かが見出してくれるものだ、ということです。

これは「自責・他責」の話にもつながっていて、「会社がダメだ」「上司が何もわかってない」と言っているうちはダメで、自分の力で切り開いていかなければいけない。そう渋沢は言いたいのです。

木下藤吉郎《きのしたとうきちろう》を例に挙げて、こんなことも言っています。

> かの木下藤吉郎《きのしたとうきちろう》は匹《ひっ》夫《ぷ》から起こって、関白という大きな御馳走を食べた。けれど彼は信長に養って貰ったのではない。自分で箸を取って食べたのである。何か一と仕事しようとする者は、自分で箸を取らなければ駄目である。
>
> （中略）
>
> その与えられた仕事に不平を鳴らして、往《い》ってしまう人は勿《もち》論《ろん》駄目だが、つまらぬ仕事だと軽《けい》蔑《べつ》して、力を入れぬ人もまた駄目だ。およそどんな些《さ》細《さい》な仕事でも、それは大きな仕事の一小部分で、これが満足にできなければ、遂に結末がつかぬことになる。

木下藤吉郎が信長の草《ぞう》履《り》取りをしていたことは有名な話です。藤吉郎は「つまらぬ仕事」と手を抜くのではなく、寒いときには懐に草履を入れ、信長が履く時には少しでも温かいようにという心配りを見せました。

その仕事への向き合い方こそが、彼を出世させました。それは信長に引き上げてもらったのではなく、自分で掴み取ったものなのだ、と渋沢は強調します。

どんな些細な仕事でも「つまらない」と言って手を抜くようではダメ。そんな人は、結局大成しません。

すなわち、これは「仕事自体にバリューがあるのではなく、やり方にバリューがある」という本質、道理を教えています。

「もっと価値のある仕事がしたい」という人ほど、ものの道理がわかっていません。道理がわかっている人は、どんな仕事でも手を抜かないものです。

古典を読むのも同じようなところがあって「書物自体にバリューがあるのではなく、その読み方にバリューがある」と私は考えています。渋沢のように論語を読めば、そこから得られるものは果てしなく大きいということです。

さて、論語にはこんな言葉もあります。

如《も》し周公の才の美ありとも、驕《おご》り且《か》つ吝《やぶさ》かならしめば、其の余《よ》は観るに足らざるのみ。

周の君子に周公《しゅうこう》（周公旦《しゅうこうたん》）という人がいて、孔子はこの人をとても尊敬しています。

そんな周公ほどの才能や人格を持っていたとしても「驕」や「吝」があったのなら、まったく意味がない。目を留める価値もないよ、と孔子は説いています。

「驕」とは「驕《おご》っている」「傲慢」という意味の言葉。

一方の「吝」とは「吝嗇《りんしょく》」という言葉からもわかるように「出し惜しむ」という意味合いがあります。簡単に言えば、ケチだということです。

どんなに優れた能力があったとしても、傲慢だったり、出し惜しんで全力を尽くさないような人は、結局何の意味もない。そう孔子は言っているのです。

「仕事にバリューがあるのではなく、やり方にバリューがある」とも通じる話で、「つまらない仕事」だからと言って、軽んじ、手を抜くような人はどこへ行っても相手にされません。

逆に言えば、「真の人物」とは、どんな仕事であれ、一つ一つていねいに真心を込めて一生懸命やるものです。

最終的にはそういう人が認められる。そんな道理を説いています。

「真の人物」はいつもゆったりとして、ニコニコしている

「真の人物」とはどういう人か。

そんなテーマにふさわしい論語の言葉を最後に二つ取り上げて、本章をまとめたいと思います。

子貢《しこう》問うて曰《い》わく、一言にして以て終身《しゅうしん》これを行なうべき者ありや。子の曰《のたま》わく、其れ恕《じょ》か。己れの欲せざる所、人に施すこと勿《な》かれ。

子貢という弟子が「一生を通して守っていくことを、一言で言うとしたら何でしょうか」と孔子に尋ねます。

すると、孔子は「それは恕《じょ》だ」と応じます。「恕」とは「思いやり」という意味合いの言葉ですが、ここで孔子が「恕とは何か」についてもさらりと説明してくれています。

それが「己れの欲せざる所、人に施すこと勿かれ」です。

自分が嫌だと思うことを、人にはしない。それが「恕」というものの本質であり、それを

一生守っていく、と孔子は言っているわけです。なんともシンプルな話ですが、これもまた人の世を生きていく道理ということなのでしょう。

もう一つ、こんな言葉はいかがでしょうか。


君子は坦《たいら》かに蕩蕩《とうとう》たり。小人は長《とこしな》えに戚戚《せきせき》たり。


立派な人は、いつも平静で、ゆったりとニコニコしている。一方で、つまらない人は、いつでもセコセコしている。

私は論語を読み解くにあたり、江戸時代に生きた儒学者・安井息軒《そっけん》という人の解釈をよく参考にしているのですが、安井息軒によれば「小人は栄誉を競い、利を求む」。だからこそ「いつでも憂いや恐れがなくならない」というわけです。ゆえに「セコセコせずにはいられない」ということです。

真の人物というのは、いつでもゆったりとして、ニコニコしている。きっと誰もが経験的に知っていることではないでしょうか。

君子は坦かに蕩蕩たり。

そんな人物になりたいものです。

第9章——人生100年時代における「成功」とは

「本当にやりたいこと」を探す

本章のテーマは「人生１００年時代をどう生きるか」です。

渋沢栄一は１８４０年に生まれ、１９３１年に亡くなります。当時としてはかなりの長寿で、91歳まで生きたことはすでに述べた通りです。

渋沢の人生をもう一度振り返っておきます。

24歳で農民から武士となり、後に明治政府の役人となります。

33歳のときにはあっさりと役人を辞め、実業・商売の世界に入っていきます。その後、５００を超える企業の立ち上げや経営に携わってきました。

そして60歳を過ぎた頃から、実業の第一線を退《しりぞ》きつつ、民間外交へと自らの情熱を注いでいきます。

渋沢の人生からは、大胆なキャリアチェンジをするとともに、それぞれの身分で培《つちか》った能力や知識、人脈をフル活用することで、どんどんユニークな存在になっていったことがわかります。

渋沢の最後のキャリアチェンジは60歳を超えてから。実業の世界から引退したとしても、人生から引退する気はさらさらなかったということでしょう。

渋沢自身は33歳のとき、役人から実業の世界に身を投じるようになった頃を、自らの立志だと語っています。自分が「本当に向いていること」「本当にやりたいこと」に出会ったという感覚があったのだと思います。

人生100年時代を生きるにあたり「自分が本当にやりたいこと」「夢中になれること」を見つけるのは非常に大事なポイントです。

長い間「不愉快な人生」を過ごしてきた

私は30歳の頃から、企業経営に関するコンサルティングファームを経営してきました。20代に生死の境をさまようような大怪我をして、当時、そんな身体で雇ってくれるところは一つもありませんでした。それで仕方なく、自分で会社を作るしかなかったのです。

なんとも後ろ向きなスタートでした。

30代の頃はなかなか仕事がうまくいかず、不愉快な思いばかりしてきました。40代になって、仕事は軌道に乗り始めたのですが、軌道に乗ったら乗ったで、また別の不愉快が襲ってきます。「うまくいき過ぎた不愉快」とでも言いましょうか。仕事が順調でも、そこは経営者ですから毎月何億、何十億というお金の心配をしながら日々過ごさなくてはならなかった。

その頃、私がいつも思っていたことがあります。

「どうして、私はこんなにも仕事が愉快でないのだろう……」

当時の私は「それは、まだまだ自分に努力が足りないからだ」と思っていました。もっともっと努力をして自分に実力がついてくれば、仕事は愉快になるはずだ。とにかく、今は努力が足りない。

半ば自分に言い聞かせるように、そう思い続けてきました。

しかし、それは違いました。間違っていることに気づいたのは、50歳のとき。20年も仕事をしていながら、やっとそこで気づいたのです。

じつは、私には30歳の頃から毎日続けている習慣がありました。毎朝5時に起き、それから2時間じっくり古典を読むことです。本当に毎日欠かすことなく続けていました。

そんな習慣を「すごい」と褒めてくれる人はいますが、私にとってはまったく苦ではありません。それどころか楽しくて仕方がない。

本書でもその片鱗《へんりん》を感じ取っていただけたと思いますが、そもそも中国古典というのは「文字」の一つ一つを取り上げて、じっくりとひもといていくような、地道で気の遠くなる作業です。

しかし、これがとてつもなく楽しい作業で、努力をしているという感覚は微塵《みじん》もありませんでした。まさに、第6章でも紹介したこの言葉を地で行くような体験です。

これを知る者はこれを好む者に如《し》かず。これを好む者はこれを楽しむ者に如かず。

どんなに一生懸命努力しようとも「楽しんでやっている人」には敵いません。だったら、自分が思いっきり楽しめることを仕事にしよう。50歳にして、私は思い立ったのです。

私は自らのコンサルティングファームを「東洋思想をベースとした教育研修業」へ、がらりとイメージチェンジしました。

孔子の言葉を借りるなら「四十にして惑わず」とはまったくいきませんでしたが、まるで飛び級をするかのように「五十にして天命を知る」という感じだったのかもしれません。

もちろん、それですぐにうまくいくわけではありません。新しい方向性が軌道に乗るまでには、やはり10年かかりました。しかし、これはこれまでとは決定的に違う「愉快な10年」でした。

60歳を迎え、東洋思想の仕事も順調に回るようになり、私の人生は霧《きり》が晴れたかのように、どんどん愉快になっていきました。

生まれてからの20年は人間としての基礎を築く時間。

それから40年、すなわち60歳までは人生の前半。さまざまな経験を積み「後半の人生」に備える時間だと私は捉えています。

そして、60歳からの40年こそ「愉快な人生」を生きる黄金の時間です。

私の経験からすれば、それは間違いありません。

もし、あなたが今「本当に向いていること」「夢中になれること」をやれているなら、そのまま続けていけばいいでしょう。

楽しんでやっている限り、どんどん高みへと上っていけるからです。

しかし、かつての私と同じように「愉快だと感じられない」と思っているなら、本気でワクワクできることを真剣に考えてみてください。

私が50歳から60歳までの時間をかけて人生を切り替えたように、10年かければ、どんなものにでもなれます。

「100年時代」を愉快に生きていくコツとは？

10年かければ、どんなものにでもなれる――。

人生相談を受けたとき、私が真っ先に伝える言葉です。

弁護士だろうが、会計士だろうが、ほかのどんなものであろうが、本気になりたいと思うなら、10年かければ何にだってなれます。

ただし、そのプロセスには少しだけコツが必要です。

まず、その「目指すべき、○○士、××士になれた」という実績が一番あるテキストを買ってきます。それがどんなにボリュームがあるものでも構いません。１０００ページだろうが、３０００ページだろうが問題なしです。

買ってきたら、そのページ数を「３６５日×10年」つまり３６５０日で割ります。

すると、「１日に習得すべきページ数」が算出されます。たとえば「１日１ページ程度」になったとしましょう。

ここでのポイントは「１ページ以上はやらない」こと。１ページ以上やろうとすると、必ず挫折するからです。私は徹底していますから、この人は危ないなというタイプには、「私は1日1ページを守ります」という宣誓書まで書かせます。

そんな感じで「1日1ページ生活」を始めると、2～3年経った頃に「先生、お願いがあるんですが」とたいていの人が言ってきます。お願いとやらを聞いてみると「1日に2ページやってはダメですか」と聞いてくるわけです。

そこで私は「ダメダメ。そういう決まりだから」と突っぱねます。

しかし、しばらくするとまた「先生、2ページはダメですか？」と言ってきます。それが三度ほど続いたら、そこで初めて「じゃあ、2ページだけだよ」と言います。

大事なのは「やらなければいけない」ではなく「やりたくて、やりたくて仕方がない」と思えるかです。

そんなことをやっていると、実際にはほとんどの人が10年を待たずに「自分のなりたいもの」つまり資格取得者になっていきます。7年でなる人もいれば、5年でなる人もいます。たしかなことは、どんな人でも10年かければ、どんなものにでもなれるということ。

私は50歳から始めましたが、40歳からでも、60歳からでも構いません。孔子は自分自身のことを「学問に夢中になって、老いが訪れていることを忘れてしまっている人間」と評していました。年齢なんて忘れてしまうほど、楽しいことを見つけることが肝心です。

それこそが「100年時代」を愉快に生きていくコツだと私は思っています。

成功や失敗なんて「人生におけるカス」みたいなもの

本書の最後に渋沢栄一のこんな言葉を添えておきます。

> 世の中には悪運が強くて、成功したかのごとくに見える人が、ないでもない。しかし人を見るに、単に成功とかまたは失敗とかを標準とするのが、根本的誤りではあるまいか。人は人たるの務めを標準として、一身の行路を定めねばならぬので、いわゆる失敗とか成功とかいうものは問題外で、仮に悪運に乗じて成功したものがあろうか。善人が運拙くして失敗した者があろうが、それを見て失望したり悲観したりするには及ばないではないか。成功や失敗のごときは、ただ丹精した人の身に残る糟粕《そうはく》のようなものである。

人生には失敗も成功もあって、ときに悪運が強いだけで成功しているように見える人もいるでしょう。

しかし、そもそも「成功」とか「失敗」という基準で人生を測ること自体が間違いで、「道理に即して、なすべきことをやったのかどうか」というところで人生を測るべきではないか。そう渋沢は語っています。

そういう観点から見れば「成功か、失敗か」なんてものは酒のカスみたいなものだ、というわけです。

たしかに人生において、何が成功で、何が失敗かなんてことは決められません。「大金を稼いだ」「立派なポジションまで上り詰めた」「有名になった」「人に評価されるようになった」などを人生の成功基準と考えている人がいたら、ぜひとも本書で取り上げた論語の数々を読み直してみてください。

渋沢が言う「それらはカスのようなものだ」という主張にも、きっとうなずけるのではないでしょうか。

私は本章で「自分が愉快だと思えるもの」へ向かっていくことの大切さを語りました。本当に愉快だと思えることをしていると「周りの評価」だとか「お金のこと」とか「どんなポジションになったか」なんてことはまったく気にならなくなります。

なぜなら、それが楽しくてやっているからです。

最後に本書全体のまとめとして、ぜひとも本書で学んだことを、実生活に取り入れてみてください。

渋沢栄一も、孔子も、実践することの大切さを何より強調しています。

そして、また折に触れて本書を読み直し、新しい気づきを得られたなら、それはきっと楽しいことだと思います。

それこそが「学びて時にこれを習う、亦た説ばしからずや」というものです。

〈主要参考文献〉

渋沢栄一『論語と算盤』（角川ソフィア文庫）
『論語』（金谷治訳注、岩波文庫）
田口佳史『超訳　論語』（知的生きかた文庫）
田口佳史『論語の一言』（光文社）
田口佳史『いい人生をつくる論語の名言』（だいわ文庫）

構成／イイダテツヤ、岩下賢作
協力／慶應丸の内シティキャンパス

田口佳史（たぐちよしふみ）
1942年生まれ。東洋思想研究家。指導者学推進者。日本大学芸術学部卒業後、日本映画社に入社。映画『東京オリンピック』でチーフ監督を務めるなど新進の記録映画監督として活躍中、25歳のときにタイで重傷を負い、生死の境で中国古典に出合う。以後、中国古典思想研究に従事。著書に『ぶれない軸をつくる東洋思想の力』（共著、光文社新書）などベストセラー多数。

渋沢栄一《しぶさわえいいち》に学《まな》ぶ大転換期《だいてんかんき》の乗《の》り越《こ》え方《かた》

2021年2月28日初版1刷発行

著　者 —— 田口佳史
発行者 —— 田邉浩司
装　幀 —— アラン・チャン
印刷所 —— 堀内印刷
製本所 —— ナショナル製本
発行所 —— 株式会社光文社
東京都文京区音羽1-16-6（〒112-8011）
https://www.kobunsha.com/
電　話 —— 編集部03（5395）8289　書籍販売部03（5395）8116
業務部03（5395）8125
メール —— sinsyo@kobunsha.com

ISBN 978-4-334-04525-8

1084
おとなの発達障害
診断・治療・支援の最前線
岩波明監修　小野和哉
林寧哲　柏淳ほか

ＡＤＨＤ、ＡＳＤ、ＡＤＨＤとＡＳＤの併存、発達障害と愛着障害との関連、二次障害、就職・仕事——臨床医・支援者が、最新の知見に基づき、皆さんの困りごとに答えます。

978-4-334-04491-6

1085
人生は凸凹《でこぼこ》だからおもしろい
逆境を乗り越えるための「禅」の作法
枡野俊明

人生には成功もあれば失敗もある。「凸（順境）凹（逆境）」が繰り返されることを受け止めよう。ベストセラー『心配事の9割は起こらない』の著者による、元気が出る人生論。

978-4-334-04492-3

1086
伝え方は「順番」がすべて
分単位のコミュニケーションが心を動かす
小沼竜太

圧倒的人気を誇るスマホ向けＲＰＧ「Fate/Grand Order」（通称ＦＧＯ）ほか、数々の人気ゲームのプロモーションに携わる〝ゲームの宣伝屋〟が初めて明かす「伝え方」の極意。

978-4-334-04493-0

1087
恋愛学で読みとく　文豪の恋
森川友義

名だたる文豪たちが小説に描いた恋ははたして妥当なものなのか。恋愛学を提唱する著者が科学的に分析し、考察する。従来の文学研究にとらわれない、知的なエンターテインメント！

978-4-334-04494-7

1088
正義を振りかざす「極端な人」の正体
山口真一

ＳＮＳでの誹謗中傷、自粛警察、不謹慎狩り、悪質クレーマー——奴らは何者か？「炎上はマスメディアが生み出す」「ＳＮＳは世論を反映しない」等、データ分析から分かった真実。

978-4-334-04495-4

1089
太田和彦のふらり旅 新・居酒屋百選
名酒放浪編

太田和彦

BS11の人気番組が1冊に！ 北は札幌から南は五島まで日本全国19の街の65軒を紹介。本書片手に旅するも良し、読んで思いを馳せるのもまた良し。写真満載のオールカラー版。

978-4-334-04496-1

1090
宇宙に行くことは地球を知ること
「宇宙新時代」を生きる

野口聡一　矢野顕子
取材・文　林公代

誰もが宇宙に行ける日が近づいている――。民間による「宇宙旅行時代の幕開け」という歴史的転換点を迎えた今、宇宙飛行士とミュージシャンが宇宙体験からスペースXまでを語る。

978-4-334-04497-8

1091
夢中力

堀江貴文　野村克也

一つのことにハマり、全身全霊を捧げる。異分野の二人の共通項だ。「好きなことをやる」が成功の条件であることを彼らの生き様が証明する。突き抜けた思考に触れる読書体験。

978-4-334-04498-5

1092
丁寧に考える新型コロナ

岩田健太郎

長期戦が予想される新型コロナ対応。あらゆる項目について「分かったつもり」でなく「本当に分かる」までじっくり解説する。巻末特別対談「西浦博先生に丁寧に聞く」も収録！

978-4-334-04499-2

1093
失敗しない　定年延長
「残念なシニア」をつくらないために

石黒太郎

日本企業に跋扈する「残念なシニア」を放置すると、日本経済が崩壊に向かう――!? 気鋭の人事コンサルタントが、会社もシニア自身も活性化させる「正しい定年延長」を提言する。

978-4-334-04500-5

光文社新書

1094

新型コロナはアートをどう変えるか

宮津大輔

世界のアート市場は、新型コロナウイルスの蔓延によってその姿を一変させた。アートはこれからどう変化するのか——。歴史・社会・経済を通して、アート市場の未来を大胆に予測。

978-4-334-04501-2

1095

室温を2度上げると健康寿命は4歳のびる

笹井恵里子

寒い家に住んでいると早死にする⁉ 最新の研究結果を元に頻尿、不眠、寝つきの悪さ、高血圧、アレルギーなどを「住環境」で改善させるアイデアを提案する日本人必読の一冊。

978-4-334-04502-9

1096

税金下げろ、規制をなくせ

日本経済復活の処方箋

渡瀬裕哉

日本が不況から脱出できないのは「税金と規制」の問題だ。この国では「増税はやむなし」なのか？ 日本が打つべき手とは？ 俊英の政治アナリストが、私たちに刷り込まれた洗脳を解く！

978-4-334-04503-6

1097

20年で元本300倍お金が集まる5つの原則

秋山哲

誰でも資産が増える投資商品とは？ 優良な投資先に共通する3つの特徴とは？ 元本300倍の個人投資家が「投資」を中心に、お金の不安を解消する5つのルールを伝授する！

978-4-334-04504-3

1098

下町はなぜ人を惹きつけるのか？

「懐かしさ」の正体

三浦展

明治維新の30年後に「ふるさと」が注目され、敗戦の30年後に「下町」が発見された。工場の煙が立ち上る近代の象徴だった下町がノスタルジーの対象となるまでの実像を綴る。

978-4-334-04505-0

光文社新書

1099

山本太郎とN国党
SNSが変える民主主義

真鍋厚

彼らは本当に「ポピュリスト」と切り捨てていい存在なのか。この時代に彼らが国会で議席を得たのは偶然か。SNS全盛時代の民主主義のあり方を問う、新しい切り口の政治論。

978-4-334-04508-1

1100

「宇宙の音楽」を聴く
指揮者の思考法

伊藤玲阿奈

時代の変化にどう柔軟に対応するか？ 二〇歳を過ぎて音楽家への道を選び、ニューヨークで戦ってきた指揮者が綴る、成功と失敗の概念を超える「しなやかな思考」のつくりかた。

978-4-334-04506-7

1101

Z世代
若者はなぜインスタ・TikTokにハマるのか？

原田曜平

「Z世代」は「ゆとり世代」と何が違うのか？ 世代人口が少ないにもかかわらず、彼らの発信力・拡散力はなぜ巨大なのか？「スマホ第一世代」を若者研究の第一人者が徹底分析。

978-4-334-04507-4

1102

教養としての腕時計選び

篠田哲生

そこかしこで時刻を確認することができる時代、人は何のために腕時計を身につけるのか。成熟した大人の身だしなみ、あるいは「教養」としてとらえ直し、時計選びのセンスを高める。

978-4-334-04510-4

1103

知らないと恥をかく「性」の新常識

齋藤賢

#MeTooをはじめとした近年の様々なムーブメントの分析や、多彩なアクティビストへのインタビューなどを通じ、「性」をめぐるこの国の現在地を鮮やかに抉り出すルポ&批評。

978-4-334-04511-1

1104
警察官の出世と人事
古野まほろ

「階級」だけでは見えてこない、複雑な「警察官の出世と人事」の仕組みを、元警察官僚のミステリ作家が徹底解説。企業の人事担当者、出世が気になるビジネスパーソンも必読！

978-4-334-04512-8

1105
定年前、しなくていい5つのこと
「定年の常識」にダマされるな！
大江英樹

年金は破綻しない、地域デビューは危険、夫婦で旅行もいらない……人気経済コラムニストが「不安に駆られてしない方がいいこと」を、経験と豊富な取材に基づき、５つの分野で具体的に指南。

978-4-334-04513-5

1106
人類はふたたび月を目指す
春山純一

今、月を目指す国や民間企業が世界で続々と現れている。日本の月探査計画に携わり、「月の縦孔の発見」で世界的に知られる著者が、探査や発見をめぐるスリリングな舞台裏を綴る。

978-4-334-04514-2

1107
見るレッスン
映画史特別講義
蓮實重彥

サイレント、ドキュメンタリー、ヌーベル・バーグから現代まで１２０年を超える蓄積と向き合い、作品の最も優れた瞬間で刮目する方法を、シネフィル教授が初めて新書で指南。

978-4-334-04515-9

1108
コロナ対策 各国リーダーたちの通信簿
栗田路子　プラド夏樹
田口理穂　冨久岡ナヲ
片瀬ケイ
クローディアー真理
田中ティナ

世界が一様にパンデミックに包まれた中、各国首脳の言動には大きな違いが。そしてその違いはコロナ禍の行方も左右した。７人の海外在住ジャーナリストが綴るリーダーの素顔。

978-4-334-04516-6

光文社新書

1109 洋画家の美術史

ナカムラクニオ

あちこちの美術館や切手で見たことはあっても、実はよくは知らない「洋画」の世界。画家たちの波瀾万丈な一生を追いながら、作品と近代美術史の流れをわかりやすく解説する。

978-4-334-04517-3

1110 相続地獄

残った家族が困らない終活入門

森永卓郎

ある日突然ふりかかり、一歩間違えると泥沼にはまる相続問題。自身の経験をもとに、今日からできる森永流・生前整理術を伝授する新時代の「相続の教科書」。

978-4-334-04518-0

1111 がんを瞬時に破壊する 光免疫療法

身体にやさしい新治療が医療を変える

小林久隆

新しいがんの治療法が世界で注目を集めている。どのような治療法なのか？　身体への負担や副作用は？　転移・再発の可能性は？　アメリカ国立衛生研究所の日本人開発者が初めて綴る。

978-4-334-04519-7

1112 誤読のイタリア

ディエゴ・マルティーナ

イタリア文化を見つめる旅は、日本文化を再発見する旅だ。夏目漱石など日本文学を愛するイタリア人が、文化の「誤読」と「正読」についてユーモアを交えて綴った心温まるエッセイ。

978-4-334-04520-3

1113 平成・令和 学生たちの社会運動

ＳＥＡＬＤｓ、民青、過激派、独自グループ

小林哲夫

２０１０年代、学生による社会運動はどのように繰り広げられたか？　かつての学生運動と何が違うのか？　ＳＥＡＬＤｓから過激派まで長期にわたる徹底取材による闘いの記録。

978-4-334-04521-0